编审委员会

主　任　委　员　　刘晓冰
副主任委员　　张小广　　胡振华
委　　　　员　　（按姓名汉语拼音排序）

陈泽宏　　邓　康　　郭璐璐　　韩　娇
何秀玲　　胡振华　　黄　华　　季猛猛
柯钊跃　　黎　劼　　李　豪　　李　慧
李文胜　　梁凯昕　　梁启麟　　刘剑洪
刘丽娟　　刘晓冰　　覃佩琛　　王心乐
谢峻铭　　杨　硕　　余秋良　　曾　锋
张小广　　章佩丽

HUANJING YINGXIANG PINGJIA FALU FAGUI

环境影响评价法律法规

余秋良 主编　　　杨 硕 曾 锋 副主编

化学工业出版社

·北京·

本教材从环境保护专业角度出发，根据环境影响评价工作的技能需求，汇聚集成了与相关的环境保护法律、法规、政策、规章和标准等内容，旨在让读者初步掌握环境影响评价法律法规的基础知识，并基本了解环境影响评价工作过程中对法律法规、标准规范等的应用和使用要求。

本书为高等学校和职业学校环境影响评价专业、环境管理、环境科学等相关专业的教材，也可供从事环境影响评价工作的专业技术人员和管理人员参考使用。

图书在版编目（CIP）数据

环境影响评价法律法规/余秋良主编．—北京：化学工业出版社，2017.8
ISBN 978-7-122-30184-0

Ⅰ.①环… Ⅱ.①余… Ⅲ.①环境影响评价法-研究-中国 Ⅳ.①D922.684

中国版本图书馆 CIP 数据核字（2017）第 165370 号

责任编辑：王文峡　　　　　文字编辑：谢蓉蓉
责任校对：边　涛　　　　　装帧设计：王晓宇

出版发行：化学工业出版社（北京市东城区青年湖南街13号　邮政编码100011）
印　　刷：北京云浩印刷有限责任公司
装　　订：三河市骏发装订厂
850mm×1168mm　1/32　印张8½　字数220千字
2017年9月北京第1版第1次印刷

购书咨询：010-64518888（传真：010-64519686）　售后服务：010-64518899
网　　址：http://www.cip.com.cn
凡购买本书，如有缺损质量问题，本社销售中心负责调换。

定　　价：28.00元　　　　　　　　　　　　　　版权所有　违者必究

前言
Foreword

当前，环境影响评价作为环境保护部门对建设项目采取的一项事前监管措施，其重要地位越来越突出。环境影响评价文件的编制除了需要在技术层面进行深入分析、预测和评价之外，还要研判建设项目的选址建设、污染防治等行为是否符合环境法律法规、标准规范、环境政策和地方环境保护行政等各方面的规定和要求。因此，环境影响评价工作者有必要重视法律法规知识的应用，并加强环境影响评价的法律法规理论基础。

本书从环境保护专业角度出发，根据环境影响评价工作的技能需求，汇聚集成了与相关的环境保护法律、法规、政策、规章和标准等内容，旨在让读者初步掌握环境影响评价法律法规的基础知识，并基本了解环境影响评价工作过程中对法律法规、标准规范等的应用和使用要求。本书为高等学校和职业院校环境影响评价、环境管理、环境科学等相关专业的教材，也可供从事环境影响评价工作的专业技术人员和管理人员参考使用。

本书由广东环境保护工程职业学院余秋良主编，负责本书的整体构思、统稿、审稿以及第三章、第五章的编写；广东省环境技术中心曾锋担任副主编，负责第六章的编写，广东环境保护工程职业学院杨硕任副主编，负责第二章、第四章的编写，梁凯昕负责第一章的编写。广东环境保护工程职业学院郭璐璐、陈泽宏、黎劼、李豪等多位老师对本教材的编写给予了帮助和支持，在此表示感谢。

本书最早于2013年成稿，曾作为广东环境保护工程职业学院的校本教材使用，后又分别于 2015 年和 2016 年底进行了不同程度的修订。但由于近年来环境保护法律法规更新速度快，环境影响评价的工作要求变化多。教材中可能存在许多不足，恳请广大读者批评指正，多提宝贵的意见和建议，以便今后修订中补充完善。

编者

2017 年 5 月

目录
CONTENTS

第一章　概论 ··· 001
 第一节　我国的法律法规体系 ·· 001
  一、法律 ··· 001
  二、行政法规 ·· 001
  三、地方性法规、自治条例和单行条例 ······························ 001
  四、规章 ··· 002
 第二节　环境保护法律法规体系 ··· 002
  一、环境保护法律法规体系的构成 ····································· 002
  二、环境保护法律法规体系的层次关系 ······························ 005
 第三节　建设项目环境影响评价的相关法律制度 ···················· 005
  一、"三同时"制度 ··· 005
  二、总量控制 ·· 018
  三、环境风险防控与应急 ·· 020
 第四节　规划环评的相关法律制度 ······································ 023
  一、规划环境影响评价概述 ·· 023
  二、规划环境影响评价的法律规定 ···································· 029
 思考与练习 ·· 039

第二章　建设项目的环境影响评价 ·· 040
 第一节　建设项目环境影响评价分类管理 ······························ 040
  一、环境影响评价分类管理的原则规定 ······························ 040
  二、建设项目涉及的环境敏感区的概念 ······························ 041
 第二节　建设项目环境影响评价文件审批 ······························ 042

一、环境影响评价文件分级审批的规定……………………………… 042
　　二、环境影响评价文件的报批与审批时限……………………… 044
　　三、环境影响评价文件的重新报批和重新审核……………… 045
　第三节　建设项目环境影响评价文件的内容要求……………… 047
　　一、环境影响评价文件的基本内容…………………………… 047
　　二、环境影响评价的公众参与………………………………… 048
　　三、其他有关规定……………………………………………… 052
　第四节　建设项目环境保护对策措施的实施及后评价………… 053
　　一、建设项目环境保护对策措施……………………………… 053
　　二、建设项目环境影响后评价………………………………… 053
　第五节　建设项目环境影响评价的法律责任…………………… 054
　　一、建设单位及评价单位和人员的法律责任………………… 054
　　二、预审、审核、审批部门及其工作人员的法律责任……… 056
　　三、刑事责任的有关处罚规定………………………………… 056
　思考与练习………………………………………………………… 057

第三章　环境影响评价相关标准………………………………… 058
　第一节　环境标准概述…………………………………………… 058
　　一、环境标准的概念…………………………………………… 058
　　二、环境标准的地位、作用及特点…………………………… 058
　　三、环境标准的制定、实施和监督…………………………… 061
　　四、环境标准体系……………………………………………… 063
　第二节　环境影响评价的常用环境标准………………………… 068
　　一、环境质量标准……………………………………………… 068
　　二、污染物排放与控制标准…………………………………… 075
　思考与练习………………………………………………………… 090

第四章　建设项目环境影响评价资质管理……………………… 091
　第一节　我国建设项目环境影响评价资质概述………………… 091

一、我国建设项目环境影响评价资质管理的沿革发展······ 091
　　二、我国现行建设项目环境影响评价资质管理
　　　　制度的特点······ 094
　第二节　建设项目环境影响评价资质管理的法律法规
　　　　　规定······ 096
　　一、建设项目环境影响评价资质的分类与分级······ 096
　　二、环境影响机构的法律责任及有关处罚规定······ 097
　　三、环境影响评价机构的资质条件、申请与审查······ 097
　　四、环境影响评价机构的管理、考核与监督······ 099
　　五、环境影响评价的收费管理规定······ 101
　第三节　环境影响评价从业人员资格管理······ 103
　　一、环境影响评价岗位资格管理规定······ 104
　　二、环境影响评价工程师职业资格制度······ 105
　　三、环境影响评价从业人员的继续教育······ 106
　　四、环境影响评价人员的职业道德规范······ 107
　思考与练习······ 109

第五章　环境与产业政策······ 110
　第一节　环境政策······ 110
　　一、国务院关于落实科学发展观加强环境保护的决定······ 110
　　二、国务院关于加强环境保护重点工作的意见······ 116
　　三、国家环境保护"十二五"规划······ 123
　　四、全国生态环境保护纲要······ 135
　　五、全国主体功能区规划······ 140
　　六、环境影响评价分类管理名录······ 154
　第二节　产业政策······ 156
　　一、产业结构调整的意义······ 156
　　二、产业结构调整的相关规定······ 157

三、关于抑制部分行业产能过剩和重复建设　引导产业
　　　　健康发展若干意见…………………………………… 167
　　四、外商投资产业指导目录……………………………… 173
　思考与练习………………………………………………… 175

第六章　环境影响评价法律法规的具体规定……………… 176
　第一节　环境保护法律的有关规定……………………… 176
　　一、环境保护综合法的规定……………………………… 176
　　二、环境保护单行法的有关规定………………………… 184
　第二节　环境保护相关法律法规………………………… 196
　　一、《中华人民共和国水法》的有关规定……………… 196
　　二、《中华人民共和国节约能源法》的有关规定……… 197
　　三、《中华人民共和国清洁生产促进法》的有关规定… 199
　　四、《中华人民共和国循环经济促进法》的有关规定… 200
　　五、《中华人民共和国水土保持法》的有关规定……… 202
　　六、《中华人民共和国野生动物保护法》的有关规定… 203
　　七、《中华人民共和国土地管理法》的有关规定……… 204
　　八、《中华人民共和国矿产资源法》的有关规定……… 207
　　九、《中华人民共和国草原法》的有关规定…………… 208
　　十、《中华人民共和国森林法》的有关规定…………… 209
　　十一、《中华人民共和国渔业法》的有关规定………… 211
　　十二、《中华人民共和国文物保护法》的有关规定…… 211
　　十三、《中华人民共和国防洪法》的有关规定………… 214
　　十四、《中华人民共和国城乡规划法》的有关规定…… 215
　　十五、《中华人民共和国河道管理条例》的有关规定… 217
　　十六、《中华人民共和国自然保护区条例》的有关规定… 217
　　十七、《风景名胜区条例》的有关规定………………… 219
　　十八、《基本农田保护条例》的有关规定……………… 221

十九、《医疗废物管理条例》的有关规定 …………… 222
二十、《危险化学品安全管理条例》的有关规定 ………… 223
思考与练习 ……………………………………………… 225
附录　建设项目环境影响评价分类管理名录 …………… 226

第一章 概论

第一节
我国的法律法规体系

我国的法律法规体系中大体包括法律、法律解释、行政法规、地方性法规、自治条例和单行条例及规章等。

一、法律

我国最高权力机关全国人民代表大会和全国人民代表大会常务委员会行使国家立法权,立法通过后由国家主席签署主席令予以公布。因而,法律的级别是最高的。

法律一般都称为法,如宪法、刑法、劳动合同法等。

二、行政法规

其制定者是国务院,通过后由国务院总理签署国务院令予以公布。这些法规也具有全国通用性,在成熟的情况下会被补充进法律,其地位仅次于法律。

法规多称为条例,也可以是全国性法律的实施细则,如治安处罚条例、专利代理条例等。

三、地方性法规、自治条例和单行条例

其制定者是各省、自治区、直辖市的人民代表大会及其常务委

员会,相当于各地方的最高权力机构。

地方性法规大部分称作条例,有的为法律在地方的实施细则,部分为具有法规属性的文件,如决议、决定等。地方性法规的开头多冠有地方名字,如北京市食品安全条例、北京市实施《中华人民共和国动物防疫法》办法等。

四、规章

其制定者是国务院各部、委员会、中国人民银行、审计署和具有行政管理职能的直属机构。这些规章仅在本部门的权限范围内有效,如国家专利局制定的《专利审查指南》、国家食品药品监督管理局制定的《药品注册管理办法》等。

另外,还有一些规章是由各省、自治区、直辖市和较大的市的人民政府制定的。这些规章仅在本行政区域内有效,如《北京市人民政府关于修改〈北京市天安门地区管理规定〉的决定》《北京市实施〈中华人民共和国耕地占用税暂行条例〉办法》等。

第二节 环境保护法律法规体系

一、环境保护法律法规体系的构成

我国目前建立了由法律、环境保护行政法规、政府部门规章、环境保护地方性法规和地方性规章、环境标准、环境保护国际条约组成的完整的环境保护法律法规体系。

1. 法律

(1) 宪法

该体系以《中华人民共和国宪法》中对环境保护的规定为基础。1982年通过的《中华人民共和国宪法》在2004年修正案第九条第二款规定:国家保障资源的合理利用,保护珍贵的动物和植物。禁止任何组织或者个人用任何手段侵占或者破坏自然资源。

第二十六条第一款规定：国家保护和改善生活环境和生态环境，防治污染和其他公害。

《中华人民共和国宪法》中的这些规定是环境保护立法的依据和指导原则。

(2) 环境保护法律

环境保护法律包括环境保护综合法、环境保护单行法和环境保护相关法。

环境保护综合法是指1989年颁布的《中华人民共和国环境保护法》，于2014年4月24日第十二届全国人民代表大会常务委员会第八次会议修订。该法共有七章七十条，第一章"总则"规定了环境保护的任务、对象、适用范围、基本原则以及环境监督管理体制；第二章"监督管理"规定了环境标准制定的权限、程序和实施要求、环境监测的管理和状况公报的发布、环境保护规划的拟定及建设项目环境影响评价制度、现场检查制度及跨地区环境问题的解决原则、环境保护产业发展；第三章"保护和改善环境"规定了环境保护责任制度、资源保护区、自然资源开发利用、农业环境保护、城乡环境保护与建设、公众环境行为等；第四章"防治环境污染和其他公害"规定了清洁生产与资源循环利用、排污单位防治污染的基本要求、"三同时"制度、排污申报制度、排污收费制度、限期治理制度以及禁止污染转嫁和环境应急等；第五章"信息公开和公众参与"规定了建设项目环境影响评价信息公示、环境保护公众参与、环境违法行为举报等；第六章"法律责任"规定了违反本法有关规定的法律责任；第七章"附则"提出了法律实施的时间。

环境保护单行法包括：污染防治法，如《中华人民共和国水污染防治法》《中华人民共和国大气污染防治法》《中华人民共和国固体废物防治法》《中华人民共和国环境噪声污染防治法》《中华人民共和国放射性污染防治法》等；生态保护法，如《中华人民共和国水土保持法》《中华人民共和国野生动物保护法》《中华人民共和国防沙治沙法》等；《中华人民共和国海洋环境保护法》；《中华人民共和国环境影响评价法》。

环境保护相关法是指一些自然资源保护和其他有关部门法律，如《中华人民共和国森林法》《中华人民共和国草原法》《中华人民共和国渔业法》《中华人民共和国矿产资源法》《中华人民共和国水法》《中华人民共和国清洁生产促进法》等都涉及环境保护的有关要求，也是环境保护法律法规体系的一部分。

2. 环境保护行政法规

环境保护行政法规是由国务院制定并公布或经国务院批准有关主管部门公布的环境保护规范性文件。一是根据法律授权制定的环境保护法的实施细则或条例，如《中华人民共和国水污染防治法实施细则》；二是针对环境保护的某个领域而制定的条例、规定和办法，如《建设项目环境保护管理条例》《规划环境影响评价条例》。

3. 政府部门规章

政府部门规章是指国务院环境保护行政主管部门单独发布或与国务院有关部门联合发布的环境保护规范性文件，以及政府其他有关行政部门依法制定的环境保护规范性文件。政府部门规章是以环境保护法律和行政法规为依据而制定的，或者是针对某些尚未有相应法律和行政法规调整的领域作出相应规定。

4. 环境保护地方性法规和地方性规章

环境保护地方性法规和地方性规章是享有立法权的地方权力机关和地方政府机关依据《中华人民共和国宪法》和相关法律制定的环境保护规范性文件。这些规范性文件是根据本地实际情况和特定环境问题制定的，并在本地区实施，有较强的可操作性。环境保护地方性法规和地方性规章不能和法律、国务院行政规章相抵触。

5. 环境标准

环境标准是环境保护法律法规体系的一个组成部分，是环境执行和环境管理工作的技术依据。我国的环境标准分为国家环境标准、地方环境标准和环境保护行业标准。

6. 环境保护国际公约

环境保护国际公约是指我国缔结和参加的环境保护国际公约、条约和议定书。当国际公约与我国环境法有不同规定时，优先适用国际公约的规定，但我国声明保留的条款除外。

二、环境保护法律法规体系的层次关系

《中华人民共和国宪法》是环境保护法律法规体系建立的依据和基础，具有最高的法律效力。法律层次中不管是环境保护的综合法、单行法还是相关法，其中对环境保护的要求，法律效力都是一样的。如果法律规定中有不一致的地方，应遵循后法高于先法的原则。

国务院环境保护行政法规的法律地位仅次于法律。部门行政规章、地方环境法规和地方政府规章均不得违背法律和行政法规的规定。地方法规和地方政府规章只在制定法规、规章的辖区内有效。

第三节
建设项目环境影响评价的相关法律制度

一、"三同时"制度

"三同时"制度是我国特有的环境管理制度。国际上通常在环境影响评价概念中，把根据环境影响评价提出的防治污染和生态破坏的措施、设施的建设和落成及建成后的监督监测，看作环境影响评价的一部分，是一个完整的全过程。由于我国"三同时"制度先于环境影响评价制度的建立，建设项目环境管理就被人为地分成了两个阶段。"三同时"管理制度与环境影响评价制度是有效贯彻"预防为主、防治结合"方针，防止新污染和生态破坏，实施可持续发展战略的两大根本性措施。

1. "三同时"制度的由来

1972年在国务院批转《国家计委、国家建委关于官厅水库污染情况和解决意见的报告》中,首次提出了"工厂建设和'三废'利用工程要同时设计、同时施工、同时投产"的要求。1973年第一次全国环境保护工作会议上,经与会代表讨论并报国务院批准,"防治污染及其他公害的设施必须与主体工程同时设计、同时施工、同时投产"的"三同时"正式确立为我国环境保护工作的一项基本管理制度。

1979年颁布的《中华人民共和国环境保护法(试行)》第六条规定:其中防止污染和其他公害的设施,必须与主体工程同时设计、同时施工、同时投产;各项有害物质的排放必须遵守国家规定的标准。这是首次把"三同时"作为一项法律制度确定下来。

1989年颁发的《中华人民共和国环境保护法》第二十六条对"三同时"制度作了明确规定:建设项目中防治污染的设施,必须与主体工程同时设计、同时施工、同时投产使用。防治污染的设施必须经原审批环境影响评价报告书的环境保护行政主管部门验收合格后,该建设项目方可投入生产或者使用。

2014年修订的《中华人民共和国环境保护法》第四十一条规定:建设项目严格执行"三同时"制度;并进一步规定,防治污染的设施应当符合经批准的环境影响评价文件的要求,不得擅自拆除或者闲置。

在其他相关的环境保护法律法规中都有相同的规定,如《中华人民共和国水污染防治法》(第十三条)、《中华人民共和国固体废物防治法》(第十三条)、《中华人民共和国海洋环境保护法》(第十三条)、《中华人民共和国放射性污染防治法》(第二十一条)、《中华人民共和国噪声污染防治法》(第二十一条)等。《建设项目环境保护管理条例》第十六条、第十八条和第二十三条也规定:建设项目需要配套建设的环境保护设施,必须与主体工程同时设计、同时施工、同时投产使用。建设项目的主体工程完工后,需要进行试生产的,其配套建设的环境保护设施必须与主体工程同时投入试运行。建设项目需要配套建设的环境保护设施经验收合格,该建设项目方可正式投入生产或者使用。

"三同时"制度的核心是"同时投产",只有环境保护设施与生产设施同时投入使用,才能避免或减轻对环境造成的损害。为此,国家环境保护总局于2001年12月以13号令发布了《建设项目竣工环境保护验收管理办法》,对环境保护验收的范围、管理权限、申报程序、时限要求、分类管理、验收文件、验收条件、公告制度和处罚办法等作出了具体规定,成为监督落实环境保护设施与建设项目主体工程同时投产或者使用的具体管理办法。

2. 建设项目竣工环境保护验收的概念

环境保护设施建设是防止产生新的污染,保护环境的重要环节。环境保护设施主要是指以下几方面内容。

(1) 污染控制设施

包括水污染物、空气污染物、固体废物、噪声污染、振动、电磁、放射性等污染的控制设施,如污水处理设施、除尘设施、隔音设施、固体废物卫生填埋或焚烧设施等。

(2) 生态保护设施

包括保护和恢复动植物种群的设施、水土流失控制设施等,如为保护和恢复鱼类种群而建设的鱼类繁育场、为防治水土流失而修建的堤坝挡墙等。

(3) 节约资源和资源回收利用设施

包括能源回收与节能设施、节水设施与污水回用设施、固体废物综合利用设施等,如为回收利用污水而修建的污水深度处理装置及其管道、为回收利用固体废物而修建的生产装置等。

(4) 环境监测设施

包括水环境监测装置、大气监测装置等污染物监测设施。

除上述环境保护设施外,建设项目还可采取有关的环境保护措施用以减轻污染和对生态破坏的影响,如对某些环境敏感目标采取搬迁措施、补偿措施，对生态恢复采取绿化措施等。这些措施也应当与建设项目同时完成。

《中华人民共和国环境保护法》第二十六条规定：防治污染的设施必须经原审批环境影响报告书的环境保护行政主管部门验收合格后，该建设项目方可投入生活或者使用。

《建设项目环境保护管理条例》中第十九条和第二十条第一款也规定：建设项目试生产期间，建设单位应当对环境保护设施运行情况和建设项目对环境的影响进行监测。

建设项目竣工后，建设单位应当向审批该建设项目环境影响报告书、环境影响报告表或者环境影响登记表的环境保护行政主管部门，申请该建设项目需要配套建设的环境保护设施竣工验收。

建设项目竣工环境保护验收，是指建设项目竣工后，环境保护行政主管部门根据《建设项目竣工环境保护验收管理办法》的规定，依据环境保护验收监测或调查结果，并通过现场检查等手段，考核该建设项目是否达到环境保护要求的活动。

3. 建设项目竣工环境保护验收的范围和条件

在《建设项目竣工环境保护验收管理办法》中，对建设项目竣工环境保护验收的范围、条件以及分类管理均作出了规定。

（1）环境保护验收的范围

环境保护验收的范围包括以下两个方面。

① 与建设项目有关的各项环境保护设施，包括为防治污染和保护环境所建成或配备的工程、设备、装置和监测手段，各项生态保护设施；

② 环境影响报告书（表）或者环境影响登记表和有关项目设计文件规定应采取的其他各项环境保护措施。

根据"三同时"制度的管理要求，同时设计、建设和投产是建设项目需要配套建设的环境保护措施。因此在建设项目竣工环境保护验收中，应首先对环境保护设施进行验收，包括环境保护相关的工程、设备、装置、监测手段、生态保护设施等。但在实际的环境管理中，除了这些保护设施外，更重要的是环境管理的软件，即保证环境保护设施正常运转、工作和运行的设施，也要同时进行验收和检查，如建设项目环境管理的各项制度、环境风险的应急预案等。

建设单位向有审批权限的环境保护行政主管部门提出建设项目的验收申请后，环境保护行政主管部门根据有关法律、法规的要求，对建设项目是否符合竣工环境验收的有关条件进行检查，从而得出是否可进行环境保护验收的结论。环境保护验收检查的重点是：环境影响评价文件和环境影响评价批复文件中有关该建设项目环境保护设施建设是否按要求并能够正常稳定运行；上述文件中有关环境保护的措施是否落实并发挥了效用；对周围环境影响特别是对附近环境敏感目标的影响以及污染物的排放是否在环境影响评价文件或环境影响评价审查、批复文件规定的范围内。

行业行政主管部门对该建设项目环境影响报告书（表）、环境影响登记表的预审查意见和环境保护行政主管部门对上述环境影响评价文件的批复意见，是建设项目竣工环境保护验收的重要依据；建设单位对预审查意见和批复意见的落实情况及其效果，是环境保护验收的重要内容；对环境影响评价阶段未能认识到而实际发生的环境污染或生态破坏问题，以及根据《中华人民共和国环境保护法》和其他法律、法规规定，建设单位应当予以消除或减免环境影响的，其措施和效果亦属于环境保护验收内容。

（2）环境保护验收的条件

建设项目竣工环境保护验收的条件如下。

① 建设前期环境保护审查、审批手续完备，技术资料与环境保护档案资料齐全；

② 环境保护设施及其他措施等已按批准的环境影响报告书（表）、环境影响登记表和设计文件的要求建成或者落实，环境保护设施经负荷试车检测合格，其防治污染能力适应主体工程的需要；

③ 环境保护设施安装质量符合国家和有关部门颁发的专业工程验收规范、规程和检验评定标准；

④ 具备环境保护设施正常运转的条件，包括：经培训合格的操作人员、健全的岗位操作规程及相应的规章制度，原料、动力供应落实，符合交付使用的其他要求；

⑤ 污染物排放符合环境影响评价报告书（表）、环境影响评价登记表和设计文件中提出的标准及核定的污染物排放总量控制指标的要求；

⑥ 各项生态保护措施按环境影响报告书（表）规定的要求落实，建设项目在建设过程中受到破坏并可恢复的环境已按规定采取了恢复措施；

⑦ 环境监测项目、点位、机构设置及人员配备，符合环境影响报告书（表）和有关规定的要求；

⑧ 环境影响报告书（表）提出需对环境保护敏感点进行环境影响验证，对清洁生产进行指标考核，对施工期环境保护措施落实情况进行工程环境监理的，已按规定要求完成；

⑨ 环境影响报告书（表）要求建设单位采取措施削减其他设施污染物排放，或要求建设项目所在地地方政府或者有关部门采取"区域削减"措施满足污染物排放总量控制要求的，其相应措施得到落实。

(3) 环境保护验收的分类管理

建设项目竣工环境保护验收的管理权限原则与建设项目环境影响评价文件审批权限相同，经有审批权的环境保护行政主管部门授权，下一级环境保护行政主管部门可以代表其上级环境保护行政主管部门对建设项目进行环境保护验收。

根据国家建设项目环境管理的规定，对建设项目竣工环境保护验收实施分类管理。建设单位申请建设项目竣工环境保护验收，应当向有审批权的环境保护行政主管部门提交以下验收材料。

① 对编制环境影响报告书的建设项目，应提交"建设项目竣工环境保护验收申请报告"，并附环境保护验收监测报告或调查报告；

② 对编制环境影响报告表的建设项目，应提交"建设项目竣

工环境保护验收申请表",并附环境保护验收监测表或调查表;

③ 对填写环境影响登记表的建设项目,应提交"建设项目竣工环境保护验收登记卡"。

同时还需报送建设项目环境保护执行报告,这是建设单位对工程建设中环境保护工作情况的总结,由建设单位编写。其中有一些建设项目按照环境影响报告书(表)的要求进行了施工工程环境监理,或者建设单位为加强施工期间环境管理委托监理机构进行了环境监理的,还应提交施工期工程环境监理总结报告。

4. 建设项目竣工环境保护验收的时限和程序

在《建设项目环境保护管理条例》及《建设项目竣工环境保护验收管理办法》中,对环境保护验收的时限作了规定,在《建设项目竣工环境保护验收管理办法》中还特别对环境保护验收的程序进行了细化规定。

(1) 环境保护验收的时限

建设项目竣工环境保护验收的时限要求,包括建设单位提出验收申请的时限要求和环境保护行政主管部门行政审批的时限要求两个方面。

《建设项目环境保护管理条例》第二十条第二款和第二十二条分别规定:

环境保护设施竣工验收,应当与主体工程竣工验收同时进行。需要进行试生产的建设项目,建设单位应当自建设项目投入试生产之日起 3 个月内,向审批该项目环境影响报告书、环境影响报告表或者环境影响登记表的环境保护行政主管部门,申请该建设项目需要配套建设的环境保护设施竣工验收。

环境保护行政主管部门应该自收到环境保护设施竣工验收申请之日起 30 日内,完成验收。

对建设单位提出验收申请的时限要求有三层含义:首先,建设项目必须进行竣工环境保护验收;其次,建设项目的竣工环境保护验收,应当与主体工程竣工验收同时进行,可以在主体工程竣工验收前进行,但不可滞后于主体工程竣工验收;最后,对需要进行试生产的建设项目,建设单位申请竣工环境保护验收的时限必须是自建设项目投入试生产3个月内,在此期限内不进行竣工环境保护验收申请,即为不符合竣工环境保护验收管理要求。这样的要求,保证了竣工环境保护验收与工程总体验收时限要求的一致。

对环境保护行政主管部门要求30日内完成验收,是指从建设单位提交齐备的验收申请材料之日起算。

《建设项目竣工环境保护验收管理办法》明确要求:环境保护行政主管部门应自接到试生产申请之日起30日内,组织或委托下一级环境保护行政主管部门对申请试生产的建设项目环境保护设施及其环境保护措施的落实情况进行现场检查,并作出审查决定。

明确提出环境保护行政主管部门批复验收申请的时限要求,便于建设单位对环境保护行政主管部门的监督,且对于提高环境保护部门办事效率是非常必要的。

(2) 环境保护验收的分期和延期

有些项目是分阶段建成或分期投入使用的,对于此类建设项目如果只通过一次验收,那么无论是在第一期建设完成后验收,还是等所有工程全部建设完成后再进行环境保护验收,都有可能导致前期项目或者后期项目投入运行后,环境污染得不到有效的监督。为此,《建设项目环境保护管理条例》第二十一条规定:分期建设、分期投入生产或者使用的建设项目,其相应的环境保护设施应当分期验收。

环境保护设施分期验收的必要条件也是充分条件,就是建设项目分期建设、分期投入生产或者使用,如果不是分期建设、分期投入生产或者使用的建设项目,则不存在分期验收问题。分期进行环境保护验收即建成、投产一期,便验收一期,切实保证环境保护设施与相应的生产设施同时使用。分期进行环境保护验收的工作程序及要求,与一般建设项目的环境保护验收程序及要求相同。

有些建设项目确实需要更长的试生产或试运行时间,或在试生产3个月期限内仍不具备环境保护验收条件。对于此类建设项目竣工的环境保护验收时限,《建设项目竣工环境保护验收管理办法》作了如下规定:对试生产3个月却不具备环境保护验收条件的建设项目,建设单位应当在试生产的3个月内,向有审批权的环境保护行政主管部门提出该建设项目环境保护延期验收申请,说明延迟验收的理由及拟进行验收的时间。经批准后,建设单位方可继续进行试生产。试生产的期限最长不超过1年,核设施建设项目试生产期限最长不超过2年。

以下几种情况可申请延期验收。

① 一些建设项目由于种种原因,生产工况短期内难以稳定达到正常水平,导致配套的污染治理设施不能正常、有效地运行;

② 一些生态影响类建设项目,其对生态的破坏较严重且在短期内难以恢复而无法达到验收合格要求;

③ 生产负荷与设计值相比差距比较大,无法满足验收监测时工况的要求;

④ 试生产过程中出现事故或其他一些特殊原因,需要延长试生产时间并经有审批权的环境保护行政主管部门认可的。

(3) 环境保护验收的程序

建设项目竣工环境保护验收的基本程序是:建设项目竣工后需要进行试生产或者试运行的建设项目首先向环境保护行政主管部门申请试生产、试运行;在试生产、试运行期间,建设单位应当对环境保护设施运行情况和建设项目对环境的影响进行监测,并向环境保护行政主管部门提交竣工环境保护验收申请,委托有资质的服务机构进行环境保护验收监测或验收调查;申请材料齐备、环境保护行政主管部门受理后,将在规定的期限内组成验收组或验收委员会进行现场检查和审议,提出验收意见并完成审批。

① 试生产的申请和审查 《建设项目竣工环境保护验收管理办法》规定:建设项目试生产前,建设单位应向有审批权的环境保护行政主管部门提出试生产申请。对国务院环境保护行政主管部门审批环境影响评价报告书(表)或环境影响登记表的非核设施建设项目,由建设项目所在地省、自治区、直辖市人民政府环境保护行

政主管部门负责受理其试生产申请，并将其审查决定报送国务院环境保护行政主管部门备案。核设施建设项目试运行前，建设单位应向国务院环境保护行政主管部门报批首次装料阶段的环境影响报告书，经批准后方可进行试运行。

环境保护行政主管部门应自接到试生产申请之日起 30 日内，组织或者委托下一级环境保护行政主管部门对申请试生产的建设项目环境保护设施及其他环境保护设施措施的落实情况进行现场检查，并作出审查决定。对环境保护设施已建成以及其他环境保护措施已按要求落实的，同意试生产申请；对环境保护设施或其他环境保护措施未按规定检查或落实的，不予同意，并说明理由；逾期未作出决定的，视为同意。试生产申请经环境保护行政主管部门同意后，建设单位方可进行试生产。

试生产期间，建设单位应尽环境监测的义务。《建设项目环境保护管理条例》第十九条规定：建设项目试生产期间，建设单位应当对环境保护设施运行情况和建设项目对环境的影响进行监测。

② 环境保护验收申请　建设项目竣工后，建设单位应当向有审批权的环境保护行政主管部门，申请该建设项目竣工环境保护验收。进行试生产的建设项目，建设单位应当自试生产之日起 3 个月内，向有审批权的环境保护行政主管部门申请该建设项目竣工环境保护验收。

根据《建设项目"三同时"监督检查和竣工环保验收管理规程（试行）》的规定，建设项目依法进入试生产后，建设单位应及时委托有相应资质的验收监测或调查单位开展验收监测或调查工作。验收监测或调查单位应在国家规定期限内完成验收监测或调查工作，及时了解验收监测或调查期间发现的重大环境问题和环境违法行为，并书面报告国家环境保护行政主管部门。

验收监测或调查报告编制完成后，由建设单位向国家环境保护行政主管部门提交验收申请。对于验收申请材料完整的建设项目，国家环境保护行政主管部门予以受理，并出具受理回执；对于验收申请材料不完整的建设项目，不予受理，并当场一次性告知需要补充的材料。

③ 环境保护验收及批准　环境保护行政主管部门应该自收到建设项目竣工环境保护验收申请之日起 30 日内，完成验收。

环境保护行政主管部门在进行建设项目竣工环境保护验收时，应组织建设项目所在地的环境保护行政主管部门和行业主管部门等成立验收组（或验收委员会）。验收组（或验收委员会）应对建设项目的环境保护设施及其他环境保护措施进行现场检查和审议，提出验收意见。建设项目的建设单位、设计单位、施工单位、环境影响评价书（表）编制单位、环境保护验收监测（调查）报告（表）的编制单位应当参与验收。

对符合规定验收条件的建设项目，环境保护行政主管部门批准"建设项目竣工环境保护验收申请报告""建设项目竣工环境保护验收申请表"或"建设项目竣工环境保护验收登记卡"。对填报"建设项目竣工环境保护验收登记卡"的建设项目，环境保护行政主管部门经过审查后，可直接在"建设项目竣工环境保护验收登记卡"上签署验收意见，作出批准决定。

"建设项目竣工环境保护验收申请报告""建设项目竣工环境保护验收申请表"或者"建设项目竣工环境保护验收登记卡"未经批准的建设项目，不得正式投入生产或者使用。

5. 建设项目竣工环境保护验收中的法律责任和行为准则

《建设项目环境保护管理条例》分别对建设项目竣工环境保护验收工作中，建设单位和环境保护行政主管部门工作人员应承担的法律责任作了规定。

（1）建设单位的法律责任

《中华人民共和国环境保护法》（2014 年修订案）第四十一条规定："建设项目中防治污染的设施，应当与主体工程同时设计、同时施工、同时投产使用。防治污染的设施应当符合经批准的环境影响评价文件的要求，不得擅自拆除或者闲置。"

《建设项目环境保护管理条例》规定如下：

第二十六条 违反本条例规定,试生产建设项目配套建设的环境保护设施未与主体工程同时投入试运行的,由审批该建设项目环境影响评价书、环境影响报告表或者环境影响登记表的环境保护行政主管部门责令限期改正;逾期不改正的,责令停止试生产,可以处 5 万元以下的罚款。

第二十七条 违法本条例规定,建设项目投入试生产超过 3 个月,建设单位未申请环境保护设施竣工验收的,由审批该建设项目环境影响评价书、环境影响报告表或者环境影响登记表的环境保护行政主管部门责令限期办理环境保护设施竣工验收手续;逾期未办理的,责令停止试生产,可以处 5 万元以下的罚款。

第二十八条 违法本条例规定,建设项目需要配套建设的环境保护设施未建成、未经验收或者经验收不合格,主体工程正式投入生产或者使用的,由审批该建设项目环境影响评价书、环境影响报告表或者环境影响登记表的环境保护行政主管部门责令停止生产或者使用,可以处 10 万元以下的罚款。

可见,《建设项目环境保护管理条例》分别对配套建设的环境保护设施未与主体工程同时投入试运行;建设项目投入试生产超过 3 个月,建设单位未申请建设项目竣工环境保护验收或者延期验收;建设项目需要配套建设的环境保护设施未建成,未经建设项目竣工环境保护验收或者验收不合格,主体工程正式投入生产或者使用三种情况作了处罚规定。

建设项目投入试生产或者试运行后,项目对环境的影响或污染物排放对环境的影响将同时产生。如果环境保护设施不能同时运行,在试运行期间必然会对环境造成严重损害甚至可能发生污染事故。

(2) 环境保护行政主管部门工作人员的法律责任

《建设项目环境保护管理条例》第三十条规定:"环境保护行政主管部门的工作人员徇私舞弊、滥用职权、玩忽职守,构成犯罪的,依法追究刑事责任;尚不构成犯罪的,依法给予行政处分。"

上述行为的主要违法事实是:

第一，对不符合验收条件的建设项目，通过环境保护验收；

第二，利用职权，不按有关规定，对不符合验收条件的建设项目，通过环境保护验收；

第三，对符合验收条件的建设项目，拒绝通过环境保护验收；

第四，工作不认真，在验收过程中造成重大失误，引起不良后果。

对有上述行为的环境保护行政主管部门的工作人员，不构成犯罪的，按照《国家公务员条例》的规定，根据违法行为情节轻重，分别给予警告、记过、记大过、降级、撤职、开除等不同的行政处分。对构成犯罪的，依法追究刑事责任。

（3）建设项目竣工环境保护验收单位及其人员的行为准则

《建设项目环境影响评价行为准则与廉政规定》中规定，承担建设项目竣工环境保护验收监测或调查工作的单位及其验收监测或调查人员，应当遵守以下准则。

第六条 承担验收监测或调查人员的单位及其验收监测或调查人员，应当遵守下列规定：

（一）验收监测或调查单位及其主要负责人应当对建设项目竣工环境保护验收监测报告或验收调查报告结论负责；

（二）建立严格的质量审核制度和质量保证体系，严格按照国家有关法律法规规章、技术规范和技术要求，开展验收监测或调查工作和编制验收监测或验收调查报告，并接受环境保护行政主管部门的日常监督检查；

（三）验收监测报告或验收调查报告应当如实反映建设项目环境影响评价文件的落实情况及其效果；

（四）禁止泄露建设项目技术秘密和业务秘密；

（五）在验收监测或调查过程中不得隐瞒真实情况、提供虚假材料、编造数据或者实施其他弄虚作假行为；

（六）验收监测或调查收费应当严格执行国家和地方有关规定；

（七）不得在验收监测或调查工作中为个人谋取私利；

（八）不得进行其他妨碍验收监测或调查工作廉洁、独立、客观、公正的行为。

二、总量控制

1. 总量控制概述

总量控制是以环境质量目标为基本依据，对区域内各污染源的污染物的排放总量实施控制的管理制度。在实施总量控制时，污染物的排放总量应小于或等于允许排放总量。区域的允许排污量应当等于该区域环境允许纳污量，环境允许纳污量则由环境允许负荷量和环境自净容量确定。

总量控制在中国环境保护法中率先作出规定的是 1996 年 5 月 15 日经修订后公布施行的《中华人民共和国水污染防治法》。2000 年 4 月 29 日颁布的《中华人民共和国大气污染防治法》，以法律的形式规定了大气污染总量的控制制度，并陆续在地方性环境法规中得到体现。2003 年 7 月 1 日起施行的《排污费征收标准管理办法》更加强化了对这一制度的实施力度。"十一五"期间主要控制化学需氧量（COD）和二氧化硫（SO_2）两项污染物，"十二五"期间国家将氨氮和氮氧化物（NO_x）纳入总量控制指标体系，对上述四项主要污染物实施国家总量控制，统一要求和考核。"十二五"期间水污染物总量控制还把污染源普查口径的农业源纳入总量控制范围。

2011 年 4 月，《重金属污染综合防治"十二五"规划》（以下简称《规划》）成为我国第一个"十二五"国家规划。《规划》提出了"十二五"期间重金属污染防治的具体目标，到 2015 年，重点区域的重点重金属污染排放量比 2007 年减少 15%，非重点区域的重点重金属污染排放量不超过 2007 年的水平，重金属污染得到有效控制。环境保护部部长周生贤强调指出，采矿、冶炼、铅蓄电池、皮革及其制品、化学原料及其制品五大行业成为重金属污染防治的重点行业。

2015 年 1 月 1 日施行的《环境保护法（修订案）》正式确立我

国的总量控制制度地位，其第四十四条规定："国家实行重点污染物排放总量控制制度。重点污染物排放总量控制指标由国务院下达，省、自治区、直辖市人民政府分解落实。企业事业单位在执行国家和地方污染物排放标准的同时，应当遵守分解落实到本单位的重点污染物排放总量控制指标。"

2. 总量控制制度的对象

主要是指国家"九五"期间重点污染控制的地区和流域，包括：酸雨控制区和 SO_2 控制区；淮河、海河、辽河流域；太湖、滇池、巢湖流域。

3. 总量控制的实施程序

① 国家环境管理机关在各省、自治区、直辖市申报的基础上，经全国综合平衡，编制全国污染物排放总量控制计划，把主要污染物排放量分解到各省、自治区、直辖市，作为国家控制计划指标。

② 各省、自治区、直辖市把省级控制计划指标分解下达，逐级实施总量控制计划管理。

③ 编制年度污染物削减计划。

④ 年度检查、考核。

4. 总量控制与区域限批

《中华人民共和国环境保护法》规定，对超过国家重点污染物排放总量控制指标或者未完成国家确定的环境质量目标的地区，省级以上人民政府环境保护主管部门应当暂停审批其新增重点污染物排放总量的建设项目环境影响评价文件。

按照法律规定，在地区环境污染物的总量控制目标未完成，环境质量与环境功能不达标的地区，建设项目可能新增总量已超标污染物的，应当暂停审批，直至环境质量有所改善。通过该手段可以促进地方政府采取有效措施对总量已超标的污染物实行区域削减和总量替代措施，有利于环境质量的改善。

5. 总量控制的相关法律责任

总量控制指标由环境保护主管部门最终分配至排污单位。排污单位必须按照排污许可证规定的污染物种类进行排污，其纳入总量控制的污染物排放不得超过环境保护主管部门分配的指标。法律规定，企业事业单位和其他生产经营者超过污染物排放标准或者超过重点污染物排放总量控制指标排放污染物的，县级以上人民政府环境保护主管部门可以责令其采取限制生产、停产整治等措施；情节严重的，报经有批准权的人民政府批准，责令停业、关闭。

三、环境风险防控与应急

1. 环境风险的概念

环境风险是由人类活动引起或由人类活动与自然界的运动过程共同作用造成的，通过环境介质传播的，能对人类社会及其生存、发展的基础——环境产生破坏、损失乃至毁灭性作用等不利后果的事件的发生概率。环境风险影响是指人们在建设、生产和生活过程中，所遭遇的突发性事故（一般不包括自然灾害和不测事件）对环境（或健康乃至经济）的危害程度。

环境风险评价通常是针对建设项目在建设和运行期间发生的可预测突发性事件或事故（一般不包括人为破坏及自然灾害）引起有毒有害、易燃易爆等物质泄漏，或突发事件产生的新的有毒有害物质，所造成的对人身安全与环境的影响和损害进行评估，提出防范、应急与减缓措施。

尽管发生风险事故的频次很低，可一旦发生，引发的环境问题将十分严重，因此必须予以高度重视。在环境影响评价中认真做好环境风险评价，对维护环境安全具有十分重要的意义。

2. 环境风险防控与应急的管理规定

（1）预防和预警机制

全国环境保护部际及联席会议有关成员单位按照早发现、早报告、早处理的原则，开展对国内环境信息、自然灾害预警信息、常规环境监测数据、辐射环境监测数据的综合分析、风险评估工作；国务院有关部门和地方各级人民政府及其相关部门，负责突发环境事件信息接收、报告、处理、统计分析以及预警信息监控，并开展污染源、放射源和生物物种资源的调查以及突发环境事件的假设、分析和风险评估工作，完善各类突发环境事件应急预案。

各级人民政府应当建立包括环境安全预警系统、环境应急资料库和应急指挥技术平台系统在内的预警支持系统。

(2) 应急响应机制

《中华人民共和国环境保护法》（2014 年修订案）规定："各级人民政府及其有关部门和企业事业单位，应当依照《中华人民共和国突发事件应对法》的规定，做好突发环境事件的风险控制、应急准备、应急处置和事后恢复等工作。县级以上人民政府应当建立环境污染公共监测预警机制，组织制定预警方案；环境受到污染，可能影响公众健康和环境安全时，依法及时公布预警信息，启动应急措施。企业事业单位应当按照国家有关规定制定突发环境事件应急预案，报环境保护主管部门和有关部门备案。在发生或者可能发生突发环境事件时，企业事业单位应当立即采取措施处理，及时通报可能受到危害的单位和居民，并向环境保护主管部门和有关部门报告。突发环境事件应急处置工作结束后，有关人民政府应当立即组织评估事件造成的环境影响和损失，并及时将评估结果向社会公布。"

① 对突发环境事件应坚持属地为主原则实行分级响应机制。

② 对突发环境事件的报告实行 1 小时报告制。

③ 突发环境事件的报告分为初报、续报和处理结果报告三类。初报从发生事件后起 1 小时内上报；续报在查清有关基本情况后随时上报；处理结果报告在事件处理完毕后立即上报。

④ 根据需要，国务院有关部门和部际联席会议成立环境应急指挥部，负责指挥、协调突发环境事件的应急工作。发生突发事件的有关部门、单位要及时、主动向环境应急指挥部提供应急救援有

关基础资料，环保、海洋、交通、水利等有关部门提供事件发生前的有关监管检查资料，供环境应急指挥部研究救援和处置方案时参考。

⑤ 应急终止条件和程序。符合下列条件之一的，即满足应终止条件：事件现场得到控制，事件条件已经消除；污染源的泄漏或释放已降至规定限值以内；事件所造成的危害已经被彻底消除，无继发可能；事件现场的各种专业应急处置已无继续的必要；采取了必要的防护措施以保护公众免受再次危害，并使事件能引起的中长期影响趋于合理且尽量低的水平。

应急终止的程序：现场救援指挥部确认终止时机，或者事件责任单位提出，经现场救援指挥部批准；现场救援指挥部向所属各专业应急救援队伍下达应急终止命令；应急状态终止后，相关类别环境事件专业应急指挥部应根据国务院有关指示和实际情况，继续进行环境监测和评价工作，直至其他补救措施无须继续进行为止。

3. 环境影响评价的环境风险评价

环境影响评价要求对涉及有毒有害和易燃易爆物质的生产、使用、贮运等的新建、改建、扩建和技术改造项目（不包括核建设项目）进行环境风险评价。环境影响报告书中主要分析建设项目存在的潜在危险、有害因素，建设项目在建设和运行期间可能发生的突发性事件或事故（一般不包括人为破坏及自然灾难），引起有毒有害和易燃易爆等物质泄漏，所造成的人身安全与环境影响和损害程度，并在此基础上提出合理可行的防范、应急与减缓措施，以使建设项目事故率、损失和环境影响达到可接受水平。环境风险评价主要把事故引起厂（场）界外人群的伤害、环境质量的恶化及对生态系统影响的猜测和防护作为评价的工作重点。

环境风险评价的基本内容包括：建设项目环境风险识别、环境风险源项分析、环境风险后果计算、环境风险计算和评价以及环境风险管理。其中，环境风险管理的主要内容是提出可行的环境风防范措施以及环境风险应急预案等。

第四节
规划环评的相关法律制度

为了实施可持续发展战略，预防因规划和建设项目实施后对环境造成不良影响，促进经济、社会和环境的协调发展，2003年实施的《中华人民共和国环境影响评价法》，对环境影响评价制度进行了重大拓展。第一章"总则"中明确规定规划要进行环境影响评价；第二章"规划的环境影响评价"中对规划环境影响评价的适用范围、评价内容和工作程序作了规定；第四章"法律责任"中对规划环境影响评价的法律责任也作了规定。我国环境影响评价已从建设项目延伸到规划，从决策源头防治环境污染和生态破坏，全面实施可持续发展战略。2009年8月17日，国务院颁布了《规划环境影响评价条例》，标志着环境保护参与综合决策进入了新阶段。

一、规划环境影响评价概述

规划是指比较全面、长远的发展计划。"计划"是指人们对未来事业发展所作的预见、部署和安排，具有很大的决策性。它一般具有明确的预期目标，规定具体的执行者及应采取的措施，以保证预定目标的实现。我国的一般情况是：凡调控期间为五年或者以上的部署和安排，不论名称为计划还是规划，均属于规划。随着社会生产力的发展，社会化程度的提高，经济生活和社会生活日趋复杂和多样化，计划和规划日益成为人类组织社会生产活动的重要管理方法，而规划的实施往往会给经济、社会和环境带来广泛和深远的影响。因此，规划环境影响评价对促进社会、经济和环境的协调发展具有更重要的作用。

1. 规划环境影响评价的适用范围

《中华人民共和国环境保护法》第十九条规定，编制有关开发利用规划,建设对环境有影响的项目,应当依法进行环境影响评价,未依法进行环境影响评价的开发利用规划,不得组织实施。2009年8月,为加强对规划的环境影响评价工作,提高规划的科学性,从源头预防环境污染和生态破坏,促进经济、社会和环境的全面协调可持续发展,国务院颁布的《规划环境影响评价条例》中明确规定,国务院有关部门、设区的市级以上地方人民政府及其有关部门,对其组织编制的土地利用的有关规划和区域、流域、海域的建设、开发利用规划等综合性规划,以及工业、农业、畜牧业、林业、能源、水利、交通、城市建设、旅游、自然资源开发的有关专项规划,应当进行环境影响评价。

(1) 需要进行环境影响评价的规划类别

《中华人民共和国环境影响评价法》第七条第一款规定:

国务院有关部门、设区的市级以上地方人民政府及其有关部门,对其组织编制的土地利用的有关规划,区域、流域、海域的建设、开发利用规划,应当在规划编制过程中组织进行环境影响评价,编写该规划有关环境影响的篇章或者说明。

《中华人民共和国环境影响评价法》第八条规定:

国务院有关部门、设区的市级以上地方人民政府及其有关部门,对其组织编制的工业、农业、畜牧业、林业、能源、水利、交通、城市建设、旅游、自然资源开发的有关专项规划(以下简称专项规划),应当在该专项规划草案上报审批前,组织进行环境影响评价,并向审批该专项规划的机关提出环境影响评价报告书。

前款所列专项规划中的指导性规划,按照本法第七条规定进行环境影响评价。

《中华人民共和国环境影响评价法》中对国务院有关部门、设区的市级以上地方人民政府及其有关部门组织编制的有关规划提出了开展规划环境影响评价的要求。这些规划主要分为三类:第一类是"一地"即土地利用的有关规划;第二类是"三域"即区域、流域及海域的建设开发利用规划;第三类是"十个专项"即工业、农业、畜牧业、林业、能源、水利、交通、城市建设、旅游、自然资源开发的有关专项规划。

有关专项规划,还可分为指导性规划和非指导性规划。《中华人民共和国环境影响评价法》第三十六条规定:省、自治区、直辖市人民政府可以根据本地的实际情况,要求对本辖区的县级人民政府编制的规划进行环境影响评价。具体办法由省、自治区、直辖市参照本法第二章的规定制定。

对县级(含县级市)人民政府组织编制的规划是否应进行环境影响评价,法律没有强求一律。至于县级人民政府所属部门及乡、镇级人民政府组织编制的规划,法律没有规定进行环境影响评价。

(2) 进行规划环境影响评价的具体范围

《中华人民共和国环境影响评价法》第九条规定:

依照本法第七条、第八条的规定进行环境影响评价的规划的具体范围,由国务院环境保护行政主管部门会同国务院有关部门规定,报国务院批准。

依据此规定,经国务院批准,原国家环境保护总局于 2004 年 7 月 3 日颁布了《关于印发〈编制环境影响报告书的规划的具体范围(试行)〉和〈编制环境影响篇章或说明的规划的具体范围(试行)〉的通知》(环发〔2004〕98 号),为编制环境影响报告书的规划和编制环境影响篇章或说明的规划划定了具体范围。

① 编制环境影响报告书的规划的具体范围(试行)

a. 工业的有关专项规划

——省级及设区的市级工业各行业规划

b. 农业的有关专项规划

——设区的市级以上种植业发展规划

——省级及设区的市级渔业发展规划

——省级及设区的市级乡镇企业发展规划

c. 畜牧业的有关专项规划

——省级及设区的市级畜牧业发展规划

——省级及设区的市级草原建设、利用规划

d. 能源的有关专项规划

——油（气）田总体开发方案
——设区的市级以上流域水电规划
e. 水利的有关专项规划
——流域、区域涉及江河、湖泊开发利用的水资源开发利用综合规划和供水、水力发电等专业规划
——设区的市级以上跨流域调水规划
——设区的市级以上地下水资源开发利用规划
f. 交通的有关专项规划
——流域（区域）、省级内河航运规划
——国道网、省道网及设区的市级交通规划
——主要港口和地区性重要港口总体规划
——城际铁路网建设规划
——集装箱中心站布点规划
——地方铁路建设规划
g. 城市建设的有关专项规划
——直辖市及设区的市级城市专项规划
h. 旅游的有关专项规划
——省及设区的市级旅游区的发展总体规划
i. 自然资源开发的有关专项规划
——矿产资源：设区的市级以上矿产资源开发利用规划
——土地资源：设区的市级以上土地开发整理规划
——海洋资源：设区的市级以上海洋自然资源开发利用规划
——气候资源：气候资源开发利用规划
② 编制环境影响篇章或说明的规划的具体范围
a. 土地利用的有关规划
——设区的市级以上土地利用总体规划
b. 区域的建设、开发利用规划
——国家经济区规划
c. 流域的建设、开发利用规划
——全国水资源战略规划

——全国防洪规划
——设区的市级以上防洪、治涝、灌溉规划

d. 海域的建设、开发利用规划
——设区的市级以上海域建设、开发利用规划

e. 工业指导性专项规划
——全国工业有关行业发展规划

f. 农业指导性专项规划
——设区的市级以上农业发展规划
——全国乡镇企业发展规划
——全国渔业发展规划

g. 畜牧业指导性专项规划
——全国畜牧业发展规划
——全国草原建设、利用规划

h. 林业指导性专项规划
——设区的市级以上商品林造林规划（暂行）
——设区的市级以上森林公园开发建设规划

i. 能源指导性专项规划
——设区的市级以上能源重点专项规划
——设区的市级以上电力发展规划（流域水电规划除外）
——设区的市级以上煤炭发展规划
——油（气）发展规划

j. 交通指导性专项规划
——全国铁路建设规划
——港口布局规划
——民用机场总体规划

k. 城市建设指导性专项规划
——直辖市及设区的市级城市总体规划（暂行）
——设区的市级以上城镇体系规划
——设区的市级以上风景名胜区总体规划

l. 旅游指导性专项规划

——全国旅游区的总体发展规划

m. 自然资源开发指导性专项规划

——设区的市级以上矿产资源勘查规划

2. 规划环境影响评价的内容

规划编制机关应当在规划编制过程中对规划组织进行环境影响评价。《规划环境影响评价条例》第八条明确规定了对规划进行环境影响评价，应当分析、预测和评估的主要内容：

① 规划实施可能对相关区域、流域、海域生态系统产生的整体影响；

② 规划实施可能对环境和人群健康产生的长远影响；

③ 规划实施的经济效益、社会效益与环境效益之间以及当前利益与长远利益之间的关系。

规划环境影响评价文件的具体形式有两类：即对综合性规划和专项规划中的指导性规划编写环境影响篇章或者说明，对其他专项规划编制环境影响报告书。《中华人民共和国环境影响评价法》第七条第二款和第十条分别规定了规划有关环境影响的编制或者说明的内容以及专项规划环境影响报告书的内容，《规划环境影响评价条例》第十一条进一步明确了相关内容。环境影响篇章或者说明应当包括下列内容。

① 规划实施对环境可能造成影响的分析、预测和评估　主要包括资源环境承载能力的分析、不良环境影响的分析和预测以及与相关规划环境协调性的分析。

② 预防减轻不良环境影响的对策和措施　主要包括预防或者减轻不良环境影响的政策、管理或者技术等措施。

③ 环境影响评价结论　主要包括规划草案的环境的合理性和可行性，预防或者减轻不良环境影响的对策和措施的合理性和有效性，以及规划草案的调整建议。

无论是篇章或者说明还是环境影响报告书，都要求对规划实施可能造成的环境影响作出分析、预测和评价（估），并提出预防或者减轻不良环境影响的对策和措施；同时在专项规划的环境影响报告书中，还必须有环境影响评价的明确结论。

二、规划环境影响评价的法律规定

1. 规划环境影响评价文件的报送

《中华人民共和国环境影响评价法》第七条规定了国务院有关部门、设区的市级以上地方人民政府及其有关部门，对其组织编制的"一地""三域"有关规划及"十个专项"规划中的指导性规划，应当在规划编制过程中组织进行环境影响评价，编写该规划有关环境影响的篇章或者说明。在报送审批规划草案时，将环境影响的篇章或者说明作为规划草案的组成部分一并报送规划审批机关。因为环境影响评价的篇章或者说明不是一个独立文件，而是规划草案的一部分，因此必须在规划编制过程中同时进行环境影响评价。《规划环境影响评价条例》第十五条还补充规定：未编写环境影响篇章或者说明的，规划审批机关应当要求其补充；未补充的，规划审批机关不予审批。

《中华人民共和国环境影响评价法》第八条规定了国务院有关部门、设区的市级以上地方人民政府及其相关部门，对其组织编制的"十个专项"规划中的非指导性规划，应当在该专项规划草案上报审批前，组织进行环境影响评价，并向审批该专项规划的机关提出环境影响报告书。《规划环境影响评价条例》第十六条也对此进行了规定：规划编制机关在报送审批专项规划草案时，应当将环境影响报告书一并附送规划审批机关审批；未附送环境影响报告书的，规划审批机关应当要求其补充；未补充的，规划审批机关不予审批。

规划的环境影响报告书是一个独立的文件，应该在专项规划基本编制完成，针对规划进行环境影响评价，才能实现环境影响评价的目的。如果专项规划尚未编制完成就开始进行环境影响评价，评价对象不明确，针对性不强，就达不到评价预期的效果；如果在规划上报后再进行环境影响评价,就不能及时给上级审批机关提供科学决策的依据,同样会使评价工作失去意义。对专项环境影响报告书与规划草案一并送审的规定,目的在于确保规划环境影响评价制度的执行,确保规划环境影响评价发挥作用。规划审批机关在审批规划时,能够全面了解所审批的规划是否真正符合可持续发展战略和环境保护法律、法规要求,及所采取的环境保护对策和措施是否合理可行,以便及时作出正确决策。

2. 专项规划环境影响报告书的审查

(1) 审查主体和程序

《中华人民共和国环境影响评价法》第十三条规定:

设区的市级以上人民政府在审批专项规划草案,作出决策前,应当先由人民政府制定的环境保护行政主管部门或者其他部门召集有关部门代表和专家组成审查小组,对环境影响报告书进行审查。审查小组应当提出书面审查意见。

参加前款规定的审查小组的专家,应当从按照国务院环境保护行政主管部门的规定设立的专家库内的相关专业的专家名单中,以随机抽取的方式确定。

由省级以上人民政府有关部门负责审批的专项规划,其环境影响报告书的审查办法,由国务院环境保护行政主管部门会同国务院有关部门制定。

为提高可操作性,并进一步保证审查的客观公正性,《规划环境影响评价条例》第十七条和第十八条进一步明确了审查小组的召集部门及审查小组的构成:

第十七条 设区的市级以上人民政府审批的专项规划,在审批前由其环境保护主管部门召集有关部门代表和专家组成审查小组,对环境影响报告书进行审查。审查小组应当提交书面审查意见。

第十八条 审查小组的专家应当从依法设立的专家库内相关专业的专家名单中随机抽取。但是,参与环境影响报告书编制的专家,不得作为该环境影响报告书审查小组的成员。

审查小组中专家人数不得少于审查小组总人数的二分之一；少于二分之一的，审查小组的审查意见无效。

环境影响评价政策性和技术性较强，上级审批机关很难对与规划草案一起报送的环境影响报告书进行细致的专业审查。为了不使规划审批机关对规划草案环境影响报告书的审查流于形式，法律规定由有关部门的代表和专家组成审查小组先行把关，从专业的技术角度对环境影响报告书提出审查意见，这是实现政府决策科学化的一项重要制度安排。

设区的市级以上人民政府审批专项规划草案，作出决策前，由其环境保护主管部门召集有关部门代表和专家组成审查小组。审查小组的有关部门代表，主要是环境保护部门、规划编制机关、规划实施机关以及涉及的其他有关部门代表；审查小组的专家，从国务院环境保护行政主管部门设立的专家库中选择确定。为保证召集单位公平、公正遴选参加规划影响报告书审查的专家，原国家环境保护总局发布了《环境影响评价审查专家库管理办法》，要求召集单位应根据规划涉及的专业和行业，从专家库中以随机抽取的方式确定。

省级以上人民政府有关部门负责审批的专项规划，其环境影响报告书的审查办法没有作具体规定，授权国务院环境保护行政主管部门会同国务院有关部门制定。据此，原国家环境保护总局2003年制定发布了《专项规划环境影响报告书审查办法》，对省级以上人民政府有关部门负责审批的专项规划环境影响报告书的审查程序和时限作了规定。专项规划的审批机关在作出审批专项规划草案的决定前，应当将专项规划环境影响报告书送同级环境保护行政主管部门，由同级环境保护行政主管部门会同专项规划的审批机关对环境影响报告书进行审查。环境保护行政主管部门应当自收到专项规划环境影响报告书之日起30日内，会同专项规划审批机关召集有关部门代表和专家组成审查小组，对专项规划环境影响报告书进行审查，并在审查小组提出书面审查意见之日起10日内将审查意见提交专项规划审批机关。

(2) 审查内容

审查小组应当对环境影响报告书的基本资料、数据,评价方法,分析、预测和评估情况,提出的对策和措施,公众意见情况,环境影响评价结论等六个方面的内容进行审查。发现规划存在重大环境问题的,审查小组应当提出不予通过环境影响报告书意见;发现规划环境影响评价书质量存在重大问题的,审查小组应当提出对环境影响报告书进行修改并重新审查的意见。审查意见应当经审查小组四分之三以上成员签字同意。

《规划环境影响评价条例》第十九条规定如下。

审查意见应当包括下列内容:

(一)基础资料、数据的真实性;

(二)评价方法的适当性;

(三)环境影响分析、预测和评估的可靠性;

(四)预防或者减轻不良环境影响的对策和措施的合理性和有效性;

(五)公众意见采纳与不采纳情况及其理由的说明的合理性;

(六)环境影响评价结论的科学系。

《规划环境影响评价条例》第二十条的规定。

有下列情形之一的,审查小组应当提出对环境影响报告书进行修改并重新审查意见:

(一)基础资料、数据失实的;

(二)评价方法选择不当的;

(三)对不良环境影响的分析、预测和评估不准确、不深入,需要进一步论证的;

(四)预防或者减轻不良环境影响的对策和措施存在严重缺陷的;

(五)环境影响评价结论不明确、不合理或者错误的;

(六)未附具对公众意见采纳与不采纳情况及其理由的说明,或者不采纳公众意见的理由明显不合理的;

(七)内容存在其他重大缺陷或者遗漏的。

《规划环境影响评价条例》第二十一条的规定。

有下列情形之一的，审查小组应当提出不予通过环境影响报告书意见：

（一）依据现有知识水平和技术条件，对规划实施可能产生的不良影响的程度或者范围不能作出科学判断的；

（二）规划实施可能造成重大不良环境影响，并且无法提出切实可行的预防或者减轻对策和措施的。

环境影响报告书结论及审查意见是决策的重要依据，要存档备查。审查小组提出的审查意见应当全面表述专家和代表的意见，特别是要如实记录和反映有保留的不同意见，供审批部门决策参考。

3. 规划环境影响评价的公众参与

《中华人民共和国环境影响评价法》第五条规定：

国家鼓励有关单位、专家和公众以适当方式参与环境影响评价。

环境影响评价是为环境影响决策提供科学依据的过程，鼓励公众参与的主体即有关单位、专家和公众以适当方式参与环境影响评价，是决策民主化的体现，也是决策科学化的必要环节。因此，不仅针对建设项目，对涉及国民经济发展有关规划的环境影响评价开展公众参与更有必要。

《中华人民共和国环境影响评价法》第十一条规定：

专项规划的编制机关对可能造成不良环境影响并直接涉及公众环境权益的规划，应当在该规划草案报送审批机关前，举行论证会、听证会，或者采取其他形式，征求有关单位、专家和公众对环境影响报告书草案的意见。但是，国家规定需要保密的情况除外。

《规划环境影响评价条例》第十三条规定：

规划编制机关对可能造成不良影响并直接涉及公众环境权的专项规划，应当在规划草案报送审批前，采取问卷调查、座谈会、论证会、听证会等形式，公开征求有关单位、专家和公众对环境影响报告书的意见。但是，依法需要保密的除外。

有关单位、专家和公众的意见与环境影响评价结论有重大分歧的，规划编制机关应当采取论证会、听证会等形式进一步论证。

规划编制机关应当在报送审查的环境影响报告书中附具对公众意见采纳与不采纳情况及其理由的说明。

法律只规定了专项规划环境影响评价的公众参与，是规划实施可能造成不良环境影响、直接涉及公共环境权益，并只限于编制环境影响报告书的专项规划环境影响评价，不包括编写环境影响篇章或者说明的规划。公众参与的实施主体是规划编制机关，公众参与的时间是在规划草案报送审批机关之前，公众参与的对象是规划的环境影响报告书草案，公众参与的形式包括调查问卷、座谈会、论证会、听证会或者其他形式。论证会主要是对规划的环境影响报告书草案涉及的有关专门问题，邀请有关专家和具有一定专门知识的公民和有关单位代表进行论证；听证会是指按照规范的程序，听取与规划的环境影响有利害关系的有关单位、专家和公众代表对规划环境影响报告书草案意见的一种会议形式，可进行辩论和举证。

组织编制规划的政府及其有关部门，在组织征求公众对规划草案的环境影响报告书草案意见之前，应当事先把该环境影响报告书草案公开或发给前来提出意见的有关单位、专家和公众；在他们发表意见后，要认真予以考虑，对环境影响报告书草案进行修改完善，并应当在向规划的审批机关报送环境影响报告书时附具对公众意见已采纳或者不采纳的说明。对公众提出的意见，采纳的要说明，不采纳的也要说明，供审查机关充分考虑各方面的意见，从而在民主科学的基础上作出正确决策。

有些规划涉及国家秘密，不能公开，或因其他原因，国家规定需要保密，不宜公开的专项规划，规划在编制过程中不实行公众参与。

4. 专项规划环境影响评价的审批

《中华人民共和国环境影响评价法》第十四条规定：

设区的市级以上人民政府或者省级以上人民政府有关部门在审

批专项规划草案时,应当将环境影响报告书结论以及审查意见作为决策的重要依据。

在审批中未采纳环境影响报告书结论以及审查意见的,应当作出说明,并存档备查。

《规划环境影响评价条例》第二十二条第二款进一步细化规定:

规划审批机关对环境影响报告书结论以及审查意见不予采纳的,应当逐项就不予采纳的理由作出书面说明,并存档备查。有关单位、专家和公众可以申请查阅;但是,依法需要保密的除外。

专项规划的环境影响报告书结论和审查小组审查意见具有重要的作用。专项规划的审批机关在审批规划草案时应将环境影响报告书结论以及审查意见作为决策的重要依据。要达到法律的这一要求,就需要审批机关在审查规划草案,作出批准或者不批准决定时,认真考虑规划的环境影响报告书结论以及审查意见。对环境影响报告书结论以及审查意见认为该规划草案符合环境保护要求,与规划审批机关审查认为该规划实施与环境保护目标一致的,就应当将上述结论和审查意见作为批准该规划草案的重要依据;对环境影响报告书结论以及审查意见认为该规划实施将会对环境造成严重不良影响,并且规划草案的审批机关进行综合审查,认为规划不合理的,可作出不予批准该规划草案或者要求编制机关进一步修改、完善,使其符合环境保护要求后重新报批的决定。

规划草案审批机关在考虑环境保护的同时,要从国民经济和社会发展特别是国家安全的全局进行综合平衡,即使环境影响报告书结论和审查意见认为规划需要进行重大修改或不宜实施,审批机关也可以决定不采纳该结论和审查意见。但是规划草案审批机关在审批中未采纳环境影响报告书结论以及审查意见的,必须作出说明并按照程序存档备查。

5. 规划环境影响的跟踪评价

(1) 跟踪评价的内容

《中华人民共和国环境影响评价法》第十五条规定:

对环境有重大影响的规划实施后,编制机关应当及时组织环境影响的跟踪评价,并将评价结果报告审批机关;发现有明显不良环境影响的,应当及时提出改进措施。

《规划环境影响评价条例》第二十五条规定:

规划环境影响的跟踪评价应当包括下列内容:

(一)规划实施后实际产生的环境影响与环境影响评价文件预测可能产生的环境影响之间的比较分析和评估;

(二)规划实施中所采取的预防或者减轻不良环境影响的对策和措施有效性的分析和评估;

(三)公众对规划实施所产生的环境影响的意见;

(四)跟踪评价的结论。

《规划环境影响评价条例》第二十六条对跟踪评价的公众参与进行了规定:

规划编制机关对规划环境影响进行跟踪评价,应当采取问卷调查、现场走访、座谈会等形式征求有关单位、专家和公众的意见。

对环境有重大影响的规划实施后,规划编制机关应及时组织力量,对其实际产生的环境影响与环境影响评价文件预测可能产生的环境影响进行比较分析和评估,对预防或减轻不良环境影响对策和措施的有效性进行分析和评估,发现对环境有明显不良影响的,应及时提出并采取新的相应改进措施。

规划的实施和运作是一个长期的过程,由于人类认知水平的限制、社会经济生活以及自然条件的变化,即使规划编制者对规划做出详尽的环境影响评价,仍然难以保证实施后该规则不会产生新的环境问题。对环境有重大影响的规划,即使在规划审批前进行了评价,规划实施后仍可能会出现一些未曾预料到的环境问题。因此,规划编制机关进行环境影响的跟踪评价,有利于及时发现规划实施后出现的环境问题,采取相应措施及时加以解决;同时也有利于总结和积累经验,进一步完善规划环境影响评价的方法和制度。

(2)规划实施过程中产生重大不良环境影响时的应对措施

规划实施过程中产生重大不良环境影响的,规划编制机关、环境保护部门、规划审批机关等部门应及时采取措施,减轻不良影响。《规划环境影响评价条例》第二十七条至第三十条对此进行了明确规定:

第二十七条 规划实施过程中产生重大不良环境影响的,规划编制机关应当及时提出改进措施,向规划审批机关报告,并通报环境保护等有关部门。

第二十八条 环境保护主管部门发现规划实施过程中产生重大不良环境影响的,应当及时进行核查。经核查属实的,向规划审批机关提出采取改进措施或者修订规划的建议。

第二十九条 规划审批机关在接到规划编制机关的报告或者环境保护主管部门的建议后,应当及时组织论证,并根据论证结果采取改进措施或者对规划进行修订。

第三十条 规划实施区域的重点污染物排放总量超过国家或者地方规定的总量控制指标的,应当暂停审批该规划实施区域内新增该重点污染物排放总量的建设项目的环境影响评价文件。

规划编制机关组织规划环境影响的跟踪评价,发现产生重大不良环境影响的,应当及时提出改进措施,向规划审批机关报告;环境保护主管部门发现产生重大不良环境影响的,也应当及时向规划审批机关提出采取改进措施或者修订规划的建议。规划审批机关应当及时组织论证,并根据论证结果采取改进措施或者对规划进行修订。

6. 规划环境影响评价的法律责任

(1) 规划编制机关有关人员的法律责任

《中华人民共和国环境影响评价法》第二十九条规定:

规划编制机关违反本法规定,未组织环境影响评价,或者组织环境影响评价时弄虚作假或者有失职行为,造成环境影响评价严重失实的,对直接负责的主管人员和其他直接负责人员,由上级机关或者监察机关依法给予行政处分。

规划编制机关具有违法事实和违法后果,直接负责的主管人员

(指在规划编制机关中直接负责规划编制并对规划编制违法行为负有直接领导责任的人员,包括对违法行为作出决定或者事后对违法行为予以认可和支持,或因疏于管理和放任,对违法行为有不可推卸责任的领导人员)和其他责任人员(指在规划编制过程中没有依法组织进行环境影响评价、直接实施违法行为的规划编制工作人员),要承担法律责任,由上级机关或监察机关依法给予行政处分。

(2)规划审批机关有关人员的法律责任

《中华人民共和国环境影响评价法》第三十条规定:

规划审批机关对依法应当编写有关环境影响的篇章或者说明而未编写的规划草案,依法应当附送环境影响报告书而未附送的专项规划草案,违法予以批准的,对直接负责的主管人员和其他直接责任人员,由上级机关或者监察机关依法给予行政处分。

违法责任由规划审批机关直接负责该规划审批的主管人员和其他与该规划审批有关的直接责任人员承担。直接负责的主管人员应是审批机关中由于疏于管理或放任,对违法审批负有不可推卸责任的直接负责人。对直接负责的主管人员和其他负责人员的违法审批行为,由上级行政机关依据《中华人民共和国公务员法》的规定,视违法情节,对违法人员予以警告、记过、记大过、降级、撤职或开除的行政处分;或者由监察机关,依据《中华人民共和国监察法》的规定,视违法情节,对违法人员予以警告、记过、记大过、降级、撤职或者开除的监察决定或建议,按照国家有关人事管理权限和处理程序的规定办理。

(3)审查小组和规划环境影响评价技术机构的法律责任

《规划环境影响评价条例》在《中华人民共和国环境影响评价法》的基础上,补充规定了审查小组和规划环境影响评价技术机构的法律责任。

《规划环境影响评价条例》第三十三条规定:

审查小组的召集部门在组织环境影响报告书审查时弄虚作假或者滥用职权,造成环境影响评价严重失实的,对直接负责的主管人员和其他直接责任人员,依法给予处分。

审查小组的专家在环境影响报告书审查中弄虚作假或者有失职行为，造成环境影响评价严重失实的，由设立专家库的环境保护主管部门取消其入选专家库的资格并予以公告；审查小组的部门代表有上述行为的，依法给予处分。

《规划环境影响评价条例》第三十四条规定：

规划环境影响评价技术机构弄虚作假或者有失职行为，造成环境影响评价文件严重失实的，由国务院环境保护主管部门予以通报，处所收费用1倍以上3倍以下的罚款；构成犯罪的，依法追究刑事责任。

→ 思考与练习

1. 简述我国环境保护法律法规体系的构成。
2. 简述我国环境影响评价法律法规体系的特点。
3. 分析我国"三同时"制度与环境影响评价制度的关系。
4. 简述规划环境影响评价文件的审查程序。

第二章 建设项目的环境影响评价

第一节 建设项目环境影响评价分类管理

一、环境影响评价分类管理的原则规定

建设项目对环境的影响千差万别，不同的行业、产品、规模、工艺、原材料产生的污染不同，对环境造成的影响也不一样。《中华人民共和国环境影响评价法》（简称《环境影响评价法》）和《建设项目环境保护管理条例》中均规定了国家对建设项目的环境保护实行分类管理。

根据《建设项目环境影响评价分类管理名录》的规定，环境影响评价的分类管理规定主要包括以下方面。

1. 环境影响报告书

建设项目对环境可能造成重大影响的，应当编制环境影响报告书，对建设项目产生的污染和对环境的影响进行全面、详细的评价。上述的建设项目包括：

① 原料、产品或生产过程中涉及的污染物种类多、数量大或毒性大、难以在环境中降解的建设项目；

② 可能造成生态系统结构重大变化、重要生态功能改变或生物多样性明显减少的建设项目；

③ 可能对脆弱生态系统产生较大影响或可能引发和加剧自然

灾害的建设项目；

④ 容易引起跨行政区环境影响纠纷的建设项目；

⑤ 所有流域开发、开发区建设、城市新区建设和旧区改建等区域性开发活动或建设项目。

2. 环境影响报告表

建设项目对环境可能造成轻度影响的，应当编制环境影响报告表，对建设项目产生的污染和对环境的影响进行分析或者专项评价。上述的建设项目包括：

① 污染因素单一，而且污染物种类少、产生量小或毒性较小的建设项目；

② 对地形、地貌、水文、土壤、生物多样性等有一定影响，但不改变生态系统结构和功能的建设项目；

③ 基本不对环境敏感区造成影响的小型建设项目。

3. 环境影响登记表

建设项目对环境影响很小，不需要进行环境影响评价的，应当填报环境影响登记表。上述的建设项目包括：

① 基本不产生废水、废气、废渣、粉尘、恶臭、噪声、震动、热污染、放射性、电磁波等不利环境影响的建设项目；

② 基本不改变地形、地貌、水文、土壤、生物多样性等，不改变生态系统结构和功能的建设项目；

③ 不对环境敏感区造成影响的小型建设项目。

同时，未列入本名录的建设项目，由省级环境保护行政主管部门根据上述原则，确定其环境保护管理类别，并报国家环境保护主管部门备案。

二、建设项目涉及的环境敏感区的概念

按照国家环保主管部门的规定，环境影响评价中所称的环境敏感区，是指具有下列特征的区域。

① 需特殊保护地区　国家法律、法规、行政规章及规划确定

或经县级以上人民政府批准的需要特殊保护的地区，如饮用水水源保护区、自然保护区、风景名胜区、生态功能保护区、基本农田保护区、水土流失重点防治区、森林公园、地质公园、世界遗产地、国家重点文物保护单位、历史文化保护地等。

② 生态敏感与脆弱区　沙尘暴源区、荒漠中的绿洲、严重缺水地区、珍稀动植物栖息地或特殊生态系统、天然林、热带雨林、红树林、珊瑚礁、鱼虾产卵场、重要湿地和天然渔场等。

③ 社会关注区　人口密集区、文教区、党政机关集中的办公地点、疗养地、医院等，以及具有历史、文化、科学、民族意义的保护地等。

第二节　建设项目环境影响评价文件审批

一、环境影响评价文件分级审批的规定

为进一步加强和规范建设项目环境影响评价文件审批，提高审批效率，明确审批权责，环境保护部根据《中华人民共和国环境影响评价法》等有关规定制定了建设项目环境影响评价文件分级的审批规定以及配套了建设项目分级审批的名录，对建设项目环境影响评价文件的分级审批进行了以下原则性的规定。

① 建设对环境有影响的项目，不论投资主体、资金来源、项目性质和投资规模，其环境影响评价文件均应按照本规定确定分级审批权限。

有关海洋工程和军事设施建设项目的环境影响评价文件的分级审批，依据有关法律和行政法规执行。

② 各级环境保护部门负责建设项目环境影响评价文件的审批工作。

③ 建设项目环境影响评价文件的分级审批权限，原则上按照建设项目的审批、核准和备案权限及建设项目对环境的影响性质和

程度确定。

④ 环境保护部负责审批下列类型的建设项目环境影响评价文件：

    a. 核设施、绝密工程等特殊性质的建设项目；

    b. 跨省、自治区、直辖市行政区域的建设项目；

    c. 由国务院审批或核准的建设项目，由国务院授权有关部门审批或核准的建设项目，由国务院有关部门备案的对环境可能造成重大影响的特殊性质的建设项目。

⑤ 环境保护部可以将法定由其负责审批的部分建设项目环境影响评价文件的审批权限，委托给该项目所在地的省级环境保护部门，并应当向社会予以公告。

受委托的省级环境保护部门，应当在委托范围内，以环境保护部的名义审批环境影响评价文件。

受委托的省级环境保护部门，不得再委托其他组织或者个人。

环境保护部应当对省级环境保护部门根据委托审批环境影响评价文件的行为负责监督，并对该审批行为的后果承担法律责任。

⑥ 环境保护部直接审批环境影响评价文件的建设项目的目录、环境保护部委托省级环境保护部门审批环境影响评价文件的建设项目的目录，由环境保护部制定、调整并发布。

⑦ 第五条规定以外的建设项目环境影响评价文件的审批权限，由省级环境保护部门参照第四条及下述原则提出分级审批建议，报省级人民政府批准后实施，并抄报环境保护部。

    a. 有色金属冶炼及矿山开发、钢铁加工、电石、铁合金、焦炭、垃圾焚烧及发电、制浆等对环境可能造成重大影响的建设项目环境影响评价文件由省级环境保护部门负责审批。

    b. 化工、造纸、电镀、印染、酿造、味精、柠檬酸、酶制剂、酵母等污染较重的建设项目环境影响评价文件由省级或地级市环境保护部门负责审批。

    c. 法律和法规关于建设项目环境影响评价文件分级审批管理另有规定的，按照有关规定执行。

⑧ 建设项目可能造成跨行政区域的不良环境影响，有关环境保护部门对该项目的环境影响评价结论有争议的，其环境影响评价文件由共同的上一级环境保护部门审批。

⑨ 下级环境保护部门超越法定职权、违反法定程序或者条件作出环境影响评价文件审批决定的，上级环境保护部门可以按照下列规定处理：

a. 依法撤销或者责令其撤销超越法定职权、违反法定程序或者条件作出的环境影响评价文件审批决定。

b. 对超越法定职权、违反法定程序或者条件作出环境影响评价文件审批决定的直接责任人员，建议由任免机关或者监察机关依照《环境保护违法违纪行为处分暂行规定》的规定，对直接责任人员，给予警告、记过或者记大过处分；情节较重的，给予降级处分；情节严重的，给予撤职处分。

二、环境影响评价文件的报批与审批时限

建设项目的报批是建设单位按照要求准备相关文件和资料，并向环境保护行政主管部门报送的程序；审批则是环境保护部门对受理报送的材料进行行政许可的过程。

1. 建设项目环境影响评价文件报批的有关规定

《建设项目环境保护管理条例》第九条规定：

建设单位应当在建设项目可行性研究阶段报批建设项目环境影响报告书、环境影响报告表或者环境影响登记表；但是，铁路、交通等建设项目，经有审批权的环境保护行政主管部门同意，可以在初步设计完成前报批环境影响报告书或者环境影响报告表（注：不含登记表）。

按照国家有关规定，不需要进行可行性研究的建设项目，建设单位应当在建设项目开工前报批建设项目环境影响报告书、环境影响报告表或者环境影响登记表。其中，需要办理营业执照的，建设单位应当在办理营业执照前报批建设项目环境影响报告书、环境影

响报告表或者环境影响登记表。(注：含登记表)

根据国家环境保护总局《关于加强建设项目环境影响评价分级审批的通知》〈环发[2004]164号〉，实行审批制的建设项目，建设单位应当在报送可行性研究报告前完成环境影响评价文件报批手续；实行核准制的建设项目，建设单位应当在提交项目申请报告前完成环境影响评价文件报批手续；实行备案制的建设项目，建设单位应当在办理备案手续后和项目开工前完成环境影响评价文件报批手续。

2. 建设项目环境影响评价文件审批时限

根据《环境影响评价法》第二十二条的规定，建设项目的环境影响评价文件，由建设单位按照国务院的规定报有审批权的环境保护行政主管部门审批；建设项目有行业主管部门的，其环境影响报告书或者环境影响报告表应当经行业主管部门预审后，报有审批权的环境保护行政主管部门审批。

海洋工程建设项目的海洋环境影响报告书的审批，依照《中华人民共和国海洋环境保护法》的规定办理。

审批部门应当自收到环境影响报告书之日起60日内，收到环境影响报告表之日起30日内，收到环境影响登记表之日起15日内，分别作出审批决定并书面通知建设单位。

预审、审核、审批建设项目环境影响评价文件，不得收取任何费用。

《建设项目环境保护管理条例》第十条也有类似规定，并且规定：海岸工程建设项目环境影响报告书或者环境影响报告表，经海洋行政主管部门审核并签署意见后，报环境保护行政主管部门审批。

三、环境影响评价文件的重新报批和重新审核

根据《环境影响评价法》的规定，建设项目的环境影响评价文件经批准后，建设项目的性质、规模、地点、采用的生产工艺或者

防治污染、防止生态破坏的措施发生重大变动的，建设单位应当重新报批建设项目的环境影响评价文件。

建设项目的环境影响评价文件自批准之日起超过 5 年，方决定该项目开工建设的，其环境影响评价文件应当报原审批部门重新审核；原审批部门应当自收到建设项目环境影响评价文件之日起 10 日内，将审核意见书面通知建设单位。

建设项目环境影响报告书、环境影响报告表或者环境影响登记表自批准之日起满 5 年，建设项目方开工建设的，其环境影响报告书、环境影响报告表或者环境影响登记表应当报原审批机关重新审核。原审批机关应当自收到建设项目环境影响报告书、环境影响报告表或者环境影响登记表之日起 10 日内，将审核意见书面通知建设单位；逾期未通知的，视为审核同意。

根据有关规定，需重新报批的项目的规定，五项中只要其中的一项发生重大变动，建设单位就应当重新报批建设项目的环境影响评价文件。

本法关于环境影响评价文件重新报批或者报请重新审核的规定与《建设项目环境保护管理条例》规定不同的内容、要求和需要说明的问题如下：

①《建设项目环境保护管理条例》规定必须重新报批的仅包括"建设项目的性质、规模、地点、采用的生产工艺"等四方面发生重大变动的建设项目，本法增加了"防治污染、防止生态破坏的措施"发生重大变动的建设项目。

②《建设项目环境保护管理条例》讲"建设项目方开工建设的"，《环境影响评价法》讲"方决定该项目开工建设的"，本法更进一步明确了建设项目环境影响评价文件批准年满 5 年后，建设项目方开工建设时的实际或者叫形象进度的界定。"方决定该项目开工建设"，说明该建设项目在客观上还未真正开工，只是计划或者决定要重新开工。这样的规定，有利于实际管理工作中的操作和执行。

第三节
建设项目环境影响评价文件的内容要求

一、环境影响评价文件的基本内容

1. 环境影响报告书的内容

《中华人民共和国环境影响评价法》对环境影响报告书的内容进行了原则性的规定,提出建设项目的环境影响报告书应当包括下列内容:

(一)建设项目概况;

(二)建设项目周围环境现状;

(三)建设项目对环境可能造成影响的分析、预测和评估;

(四)建设项目环境保护措施及其技术、经济论证;

(五)建设项目对环境影响的经济损益分析;

(六)对建设项目实施环境监测的建议;

(七)环境影响评价的结论。

环境影响报告表和环境影响登记表的内容和格式,由国务院环境保护行政主管部门制定。

除上述评价内容外,鉴于建设项目风险事故对环境会造成重大危害,对存在风险事故的建设项目,特别是在原料、生产、产品、储存、运输中涉及危险化学品的建设项目,在环境影响报告书的编制中,必须有环境风险评价的内容。

2. 环境影响报告表和环境影响登记表的内容和填报要求

根据以上要求,国家环境保护总局于 1999 年 8 月以 "环发[1999] 178 号"公布了《建设项目环境影响报告表(试行)》《建设项目环境影响登记表(试行)》的内容及格式。

《建设项目环境影响报告表(试行)》要求附环境影响评价资质证书及评价人员情况,即建设项目环境影响报告表必须由具有环境影响评价资质的单位填写。填报内容包括：建设项目的基本情况、建设项目所在地自然环境和社会环境简况、环境质量状况、评价适用标准、建设项目工程分析、项目主要污染物产生及预计排放情况、环境影响分析、建设项目拟采取的防治措施及预期治理效果和结论与建议。

特别要注意，环境影响报告表如不能说明项目产生的污染及对环境造成的影响，应进行专项评价。根据建设项目的特点和当地环境的特征，可进行1~2项专项评价，专项评价按环境影响评价技术导则中的要求进行。环境影响报告表同时应有必要的附件和附图。

二、环境影响评价的公众参与

我国环境影响评价的公众参与，是在20世纪90年代世界银行和亚洲开发银行贷款项目中开始实施的，是从建设项目的环境影响评价发展起来的。《中华人民共和国环境影响评价法》第五条规定"国家鼓励有关单位、专家和公众以适当方式参与环境影响评价"。在第二十一条对建设项目环境影响评价的公众参与作了规定："除国家规定需要保密的情形外，对环境可能造成重大影响，应当编制环境影响报告书的建设项目，建设单位当在报批建设项目环境影响报告书前，举行论证会、听证会，或者采取其他形式，征求有关单位、专家和公众的意见。建设单位报批的环境影响评价报告书应当附具对有关单位、专家和公众的意见采纳或者不采纳说明。"

2015年1月1日起实施的《环境保护法（修订案）》第五章关于"信息公开与公众参与"中，进一步规定了公民、法人和其他组织依法享有获取环境信息、参与和监督环境保护的权利。第五十六条规定："对依法应当编制环境影响报告书的建设项目，建设单位应当在编制时向可能受影响的公众说明情况，充分征求意见。负责审批建设项目环境影响评价文件的部门在收到建设项目环境影响报告书后，除涉及国家秘密和商业秘密的事项外，应当全文公开；发现建设项目未充分征求公众意见的,应当责成建设单位征求公众意见。"该条款明确指出,编制环境影响报告书(环境影响重大)的建设项目,必须开展公众参与工作;环境影响评价文件审批部门(原则上是环境保护主管部门)也要在审批前征求公众意见,在征求意见期间应该对环境影响报告书实行全文公开,即全文公开公示。

根据国家环境保护总局发布的《环境影响评价公众参与暂行办法》,对环境影响评价的公众参与作了以下规定。

第二条 本办法适用于下列建设项目环境影响评价的公众参与:

(1) 对环境可能造成重大影响、应当编制环境影响报告书的建设项目;

(2) 环境影响报告书经批准后,项目的性质、规模、地点、采用的生产工艺或者防治污染、防止生态破坏的措施发生重大变动,建设单位应当重新报批环境影响报告书的建设项目;

(3) 环境影响报告书自批准之日起超过五年方决定开工建设,其环境影响报告书应当报原审批机关重新审核的建设项目。

第七条 建设单位或者其委托的环境影响评价机构、环境保护行政主管部门应当按照本办法的规定,采用便于公众知悉的方式,向公众公开有关环境影响评价的信息。

第八条 在《建设项目环境分类管理名录》规定的环境敏感区建设的需要编制环境影响报告书的项目,建设单位应当在确定了承担环境影响评价工作的环境影响评价机构后7日内,向公众公告下列信息:

(1) 建设项目的名称及概要;
(2) 建设项目的建设单位的名称和联系方式;
(3) 承担评价工作的环境影响评价机构的名称和联系方式;
(4) 环境影响评价的工作程序和主要工作内容;
(5) 征求公众意见的主要事项;
(6) 公众提出意见的主要方式。

第九条　建设单位或者其委托的环境影响评价机构在编制环境影响报告书的过程中，应当在报送环境保护行政主管部门审批或者重新审核前，向公众公告如下内容：

（1）建设项目情况简述；

（2）建设项目对环境可能造成影响的概述；

（3）预防或者减轻不良环境影响的对策和措施的要点；

（4）环境影响报告书提出的环境影响评价结论的要点；

（5）公众查阅环境影响报告书简本的方式和期限，以及公众认为必要时向建设单位或者其委托的环境影响评价机构索取补充信息的方式和期限；

（6）征求公众意见的范围和主要事项；

（7）征求公众意见的具体形式；

（8）公众提出意见的起止时间。

第十条　建设单位或者其委托的环境影响评价机构，可以采取以下一种或者多种方式发布信息公告：

（1）在建设项目所在地的公共媒体上发布公告；

（2）公开免费发放包含有关公告信息的印刷品；

（3）其他便利公众知情的信息公告方式。

第十一条　建设单位或其委托的环境影响评价机构，可以采取以下一种或者多种方式，公开便于公众理解的环境影响评价报告书的简本：

（1）在特定场所提供环境影响报告书的简本；

（2）制作包含环境影响报告书的简本的专题网页；

（3）在公共网站或者专题网站上设置环境影响报告书的简本的链接；

（4）其他便于公众获取环境影响报告书的简本的方式。

第十九条　建设单位或者其委托的环境影响评价机构调查公众意见可以采取问卷调查等方式，并应当在环境影响报告书的编制过程中完成。

采取问卷调查方式征求公众意见的，调查内容的设计应当简单、通俗、明确、易懂，避免设计可能对公众产生明显诱导的问题。

问卷的发放范围应当与建设项目的影响范围相一致。

问卷的发放数量应当根据建设项目的具体情况，综合考虑环境影响的范围和程度、社会关注程度、组织公众参与所需要的人力和物力资源以及其他相关因素确定。

第二十条　建设单位或者其委托的环境影响评价机构咨询专家意见可以采用书面或者其他形式。

咨询专家意见包括向有关专家进行个人咨询或者向有关单位的专家进行集体咨询。

接受咨询的专家个人和单位应当对咨询事项提出明确意见，并以书面形式回复。对书面回复意见，个人应当签署姓名，单位应当加盖公章。

集体咨询专家时，有不同意见的，接受咨询的单位应当在咨询回复中载明。

第三十三条　根据《环境影响评价法》第八条和第十一条的规定，工业、农业、畜牧业、林业、能源、水利、交通、城市建设、旅游、自然资源开发的有关专项规划（以下简称"专项规划"）的编制机关，对可能造成不良环境影响并直接涉及公众环境权益的规划，应当在该规划草案报送审批前，举行论证会、听证会，或者采取其他形式，征求有关单位、专家和公众对环境影响报告书草案的意见。

第三十五条　环境保护行政主管部门根据《环境影响评价法》第十一条和《国务院关于落实科学发展观加强环境保护的决定》的规定，在召集有关部门专家和代表对开发建设规划的环境影响报告书中有关公众参与的内容进行审查时，应当重点审查以下内容：

（1）专项规划的编制机关在该规划草案报送审批前，是否依法举行了论证会、听证会，或者采取其他形式，征求了有关单位、专家和公众对环境影响报告书草案的意见；

（2）专项规划的编制机关是否认真考虑了有关单位、专家和公众对环境影响报告书草案的意见,并在报送审查的环境影响报告书中附具了对意见采纳或者不采纳的说明。

三、其他有关规定

1. 整体建设项目的规划环境影响评价

一项整体建设项目的规划是指一个具体的建设发展规划,规划中一般包括多个建设项目。规划中建设项目的地点、规模、产品、工艺都比较具体,尽管是在一段时间内陆续建设,但可以运用建设项目环境影响评价方法来预测其最终建成的规模对环境可能造成的影响程度,也可以相应提出具体的防治污染及保护生态的措施,并视为分期建设、分期投产的一揽子项目。因此应按建设项目进行环境影响评价,而不按规划环境影响评价的程序规划环境影响评价。国家对此也有相关规定。

《中华人民共和国环境影响评价法》第十八条规定:

作为一项整体建设项目的规划,按照建设项目进行环境影响评价,不进行规划的环境影响评价。

《规划环境影响评价条例》第二十三条规定:

已经进行环境影响评价的规划包含具体建设项目的,规划的环境影响评价结论应当作为建设项目环境影响评价的重要依据,建设项目环境影响评价的内容可以根据规划环境影响评价的分析论证情况予以简化。

2. 区域性开发建设规划的环境影响评价

《建设项目环境保护管理条例》第三十一条规定:

流域开发、开发区建设、城市新区建设和旧区改建的区域性开发,编制建设规划时,应当进行环境影响评价。具体办法由国务院环境保护行政主管部门会同国务院有关部门另行规定。

这是在《中华人民共和国环境影响评价法》出台前,为了落实"完善环境影响评价制度从对单个建设项目的环境影响进行评价向对各项资源开发活动、经济开发区建设和重大经济决策的环境影响评价拓展"以及"对区域和资源开发,要进行环境论证,建立有效的环境管理程序,使环境与发展综合决策科学化、规范化"的有关要求而制定的,目的是提高环境影响评价从建设项目向更高层次发展,推进规划环境影响评价立法。

第四节 建设项目环境保护对策措施的实施及后评价

一、建设项目环境保护对策措施

根据《中华人民共和国环境影响评价法》第二十六条的规定,建设项目建设过程中,建设单位应当同时实施环境影响报告书、环境影响报告表以及环境影响评价文件审批部门审批意见中提出的环境保护对策措施。该条款中需要注意的几个要点如下:

① 环境保护对策的实施时间　建设过程中;

② 环境保护对策的实施内容　报告书(表)及环评审批意见中提出的对策措施;

③ 环境保护对策的实施方式　这是"三同时"制度的基本原则。

根据《环境保护法》和《建设项目环境保护管理条例》的规定,建设项目需要配套建设的环境保护设施,必须与主体工程同时设计、同时施工、同时投入使用,且污染防治措施必须符合环境评价文件的要求,不得擅自拆除和闲置。

二、建设项目环境影响后评价

《中华人民共和国环境影响评价法》第二十七条规定:

在项目建设、运行过程中产生不符合经审批的环境影响评价文件的情形的,建设单位应当组织环境影响的后评价,采取改进措施,并报原环境影响评价文件审批部门备案;原环境影响评价文件审批部门也可以责成建设单位进行环境影响后评价，采取改进措施。

《中华人民共和国环境影响评价法》中所说的建设项目环境影响后评价，是指对正在进行建设或已经投入生产或使用的建设项目，在建设过程中或投产运行后，由于建设方案的变化或运行、生产方案的变化，导致实际情况与环境影响评价情况不符，针对其变化所进行的补充评价。

开展环境影响后评价的目的主要有两个方面，一是对环境影响评价的结论、环境保护对策措施的有效性进行验证；二是针对项目建设中或运行后发现或产生的新问题进行分析，提出补救或改进方案。环境影响后评价要对存在的有关问题采取改进措施，报原环境影响评价文件审批部门和项目审批部门备案。

第五节 建设项目环境影响评价的法律责任

一、建设单位及评价单位和人员的法律责任

1. 建设单位的主要法律责任

根据《中华人民共和国环境保护法》（2014 年修订案）第六十一条：

建设单位未依法提交建设项目环境影响评价文件或者环境影响评价文件未经批准，擅自开工建设的，由负有环境保护监督管理职责的部门责令停止建设，处以罚款，并可以责令恢复原状。

《中华人民共和国环境保护法》（2014 年修订案）还规定，建设项目未依法进行环境影响评价，被责令停止建设，拒不执行的，如行为情节较轻尚不构成犯罪，除依照有关法律法规规定予以处罚外，由县级以上人民政府环境保护主管部门或者其他有关部门将案件移送公安机关，对其直接负责的主管人员和其他直接责任人员，处十日以上十五日以下拘留；情节较轻的，处五日以上十日以下拘留。

根据《中华人民共和国环境影响评价法》第三十一条：

建设单位未依法报批建设项目环境影响评价文件，或者未依照本法第 24 条的规定重新报批或者报请重新审核环境影响评价文件，擅自开工建设的，由有权审批该项目环境影响评价文件的环境保护行政主管部门责令停止建设，限期补办手续；逾期不补办手续的，可以处 5 万元以上 20 万元以下的罚款，对建设单位直接负责的主管人员和其他直接责任人员，依法给予行政处分。

建设项目环境影响评价文件未经批准或者未经原审批部门重新审核同意，建设单位擅自开工建设的，由有权审批该项目环境影响评价文件的环境保护行政主管部门责令停止建设，可以处 5 万元以上 20 万元以下的罚款，对建设单位直接负责的主管人员和其他直接责任人员，依法给予行政处分。

海洋工程建设项目的建设单位有前两款所列违法行为的，依照《中华人民共和国海洋环境保护法》的规定处罚。

对建设单位的违法行为，包括两个层次：①未依法报批、重新报批或重新审核，擅自开工；②未得到批准、重新审核，擅自开工。

两个层次的违法行为，对应的法律后果是：①未依法报批的，责令停止建设并限期补办手续；逾期不补办的，可以处 5 万～20 万元以下的罚款；对建设单位直接负责的主管人员和其他直接责任人员予以行政处分。②未得到批准、重新审核而擅自开工的，责令停止建设，可以处 5 万～20 万元的罚款；对建设单位直接负责的主管人员和其他直接责任人员予以行政处分。

《海洋环境保护法》第八十三条规定：海洋工程具有上述违法行为的，由海洋行政主管部门责令停止施工或者生产使用，并处 5 万～20 万元罚款。

2. 评价单位的法律责任

《中华人民共和国环境保护法》（2014 年修订案）第六十五条规定："环境影响评价机构、环境监测机构以及从事环境监测设备和防治污染设施维护、运营的机构,在有关环境服务活动中弄虚作假,对造成的环境污染和生态破坏负有责任的,除依照有关法律法规规定予以处罚外,还应当与造成环境污染和生态破坏的其他责任者承担连带责任。"

二、预审、审核、审批部门及其工作人员的法律责任

此类责任主要集中在《环境影响评价法》第三十二条、第三十四第、第三十五条的规定中,针对的主要是建设项目的审批部门和建设项目环评文件的审批部门,既有刑事责任,也有行政责任。而只有在建设项目存在行业主管部门,需要预审环评文件时,才涉及该行业主管部门,也主要是就乱收费问题,而且没有刑事责任。

负责审批建设项目环境影响评价文件的部门不等于负责审批建设项目的部门。前者是有审批权的环境保护行政主管部门;后者则是发展和改革部门,如基本建设项目的审批部门。

负责审核建设项目环境影响评价文件的部门是指:对海岸工程环境影响报告书提出审核意见的海洋行政主管部门;对建设项目环境影响评价文件负责重新审核的原审批部门。

负责预审的部门是指:依法有审批权的建设项目的行业主管部门,如铁道、交通、民航、水利、农业等行业行政主管部门。海洋行政主管部门负责海洋工程建设项目环境影响评价文件的核准,也适用该条款。

"环境保护行政主管部门或者其他部门的工作人员"应包括直接负责环境影响评价文件批准的负责领导人与其他直接和批准环境影响评价文件有关的责任人员(不属于审批建设项目的部门)。

三、刑事责任的有关处罚规定

《中华人民共和国环境影响评价法》第三十二条、第三十五条和《建设项目环境保护管理条例》第三十条都对审批部门工作人员的犯罪行为作了处罚规定:构成犯罪的,依法追究刑事责任。

《中华人民共和国刑法》第三百九十七条（渎职罪）对此类犯罪行为的处罚有具体规定：国家机关工作人员滥用职权或者玩忽职守，致使公共财产、国家和人民利益遭受重大损失的，处三年以下有期徒刑或者拘役；情节特别严重的，处三年以上七年以下有期徒刑。本法另有规定的，依照规定。国家机关工作人员徇私舞弊，犯前款罪的，处五年以下有期徒刑或者拘役；情节特别严重的，处五年以上十年以下有期徒刑。

→ 思考与练习

1. 根据建设项目对环境的影响程度，对建设项目的环境影响评价如何实行分类管理？
2. 建设项目环境影响评价文件审批时限是多少日？
3. 环境影响评价报告书应当包括哪些内容？
4. 建设单位未依法报批建设项目环境影响评价文件而擅自开工的，应受何种处罚？

第三章 环境影响评价相关标准

第一节 环境标准概述

一、环境标准的概念

环境标准是为了防止环境污染,维护生态平衡,保护人群健康,对环境保护工作中需要统一的各项技术规范和技术要求所作的规定(具体来讲,环境标准是国家为了保护人民健康,促进生态良性循环,实现社会经济发展目标,根据国家的环境政策和法规,在综合考虑本国自然环境特征、社会经济条件和科学技术水平的基础上规定环境中污染物的允许含量和污染源排放污染物的数量、浓度、时间和速率以及其他有关技术规范)。

二、环境标准的地位、作用及特点

1. 环境标准的地位和作用

环境标准是为了保护人群健康,防治环境污染和维护生态平衡,对有关技术要求所作的统一规定,在我国环境保护工作中占有极其重要的地位,发挥着不可替代的作用。

(1) 环境标准是我国环境保护法规的重要组成部分

我国环境标准具有法规约束性,是我国环境保护法规所赋予的。在《中华人民共和国环境保护法》《中华人民共和国大气污染防治法》《中华人民共和国水污染防治法》《中华人民共和国海洋环境保护法》《中华人民共和国环境噪声污染防治法》《中华人民共和国固体废物污染环境防治法》等法规中，都规定了实施环境标准的条款，使环境标准成为执法必不可少的依据和环境保护法规的重要组成部分。

(2) 环境标准是环境保护规划的体现

环境规划就是指标准，规划的目标主要是用标准来表示的。我国环境质量标准就是将环境规划总目标依据环境组成要素和控制项目在规划时间和空间内予以分解并定量化的产物。因而环境质量标准是具有鲜明的阶段性和区域性特征的规划指标，是环境规划的定量描述。污染物排放标准则是根据环境质量目标要求，将规划措施根据我国的技术和经济水平，以及行业生产特征，按污染控制项目进行分解和定量化，是具有阶段性和区域性特征的控制措施指标。

(3) 环境标准是环境保护行政主管部门依法行政的依据

多年来逐步形成的环境管理制度，是环境监督管理职能制度化的体现。但是这些制度只有在各自进行技术规范化之后，才能保证监督管理职能科学有效地发挥。环境管理制度和措施的一个基本特征是定量管理。定量管理就要求在污染源控制与环境目标管理之间建立定量评价关系，并进行综合分析。因而就需要通过环境保护标准统一技术方法，作为环境管理制度实施的技术依据。

总之，环境标准是强化环境管理的核心，环境质量标准提供了衡量环境质量状况的尺度，污染物排放标准为判别污染源是否违法提供了依据；同时，方法标准、标准样品标准和基础标准统一了环境质量标准和污染物排放标准实施的技术要求，为环境质量标准和污染物排放标准正确实施提供了技术保障，并相应地提高了环境监督管理的科学水平和可比程度。

(4) 环境标准是推动环境保护科技进步的动力

环境标准与其他任何标准一样，是以科学技术与实践的综合成果为依据制定的，具有科学性和先进性，代表了今后一段时期内科学技术的发展方向。它在某种程度上成为判断污染防治技术、生产工艺与设备是否先进可行的依据，也成为筛选、评价环保科技成果的一个重要尺度，对技术进步起着导向作用；同时，环境方法、样品、基础标准统一了采样、分析、测试、统计计算等技术方法，规范了环保有关技术名词、术语等，保证了环境信息的可比性，使环境科学各学科之间、环境监督管理各部门之间以及环境科研和环境管理部门之间有效的信息交往和相互促进成为可能。标准的实施还可以起到强制推广先进科技成果的作用，从而加速科技成果转化及污染治理新技术、新工艺、新设备尽快得到推广应用。

（5）环境标准是进行环境评价的准绳

无论是进行环境质量现状评价、编制环境质量报告书，还是进行环境影响评价、编制环境影响报告书，都需要环境标准。只有依靠环境标准，方能作出定量化的比较和评价，正确判断环境质量的好坏，从而为控制环境质量、进行环境污染综合整治以及设计切实可行的治理方案提供科学依据。

（6）环境标准具有投资导向作用

环境标准中指标值的高低是确定污染源治理污染资金投入的技术依据；在基本建设和技术改造项目中也是根据标准值，确定治理程度，提前安排污染防治资金。环境标准对环境投资的这种导向作用是明显的。

2. 环境标准的特点

（1）法律强制性

我国环境标准绝大多数是法律规定必须严格贯彻执行的强制性标准，这就使我国环境标准具有行政法规的效力。国家环境标准是国务院环境保护主管部门组织制定、审批、发布，地方环境标准是由省级人民政府组织制定、审批、发布。

（2）规范性

国家环境标准明确规定了适用范围，及企事业单位在排放污染物时必须达到、可以达到的各项技术指标要求，规定了监测分析的方法以及违反要求所应承担的经济后果等；同时我国环境标准从制

(修)订到发布实施有严格的工作程序,因而具有规范性特征。

(3) 政策体现

国家环境标准又是国家有关环境政策在技术方面的具体体现,如我国环境质量标准兼顾了我国环境保护的区域性和阶段性特征,体现了我国经济建设和环境建设协调发展的战略政策;我国污染物排放标准综合体现了国家关于资源综合利用的能源政策、淘劣奖优的产业政策、鼓励科技进步的科技政策等,其中行业污染物排放标准又着重体现了我国行业环境保护政策。

三、环境标准的制定、实施和监督

1. 环境标准的制定

(1) 制定环境标准的基本原则

① 政策性原则　制定环境标准要体现国家关于环境保护方针、政策和符合我国国情,使标准的依据和采用的技术措施达到技术先进、经济合理、切实可行,力求获得最佳的环境效益、经济效益和社会效益。

② 以环境基准为基础的原则　环境基准也称环境质量基准,是指环境中的污染物对特定对象(人或其他生物)不产生不良或者有害影响的最大剂量或浓度。环境基准由污染物与特定对象之间的剂量反映关系来确定,不考虑人为因素,不具有法律效力。而环境质量标准则是以环境基准为标准,规定的污染物容许剂量或浓度原则上应小于或等于相应的基准值。

③ 区别对待原则　制定环境标准要具体分析环境功能、企业类型和污染物危害程度等不同情况,做到区别对待,宽严有别。按照环境功能的不同,对自然保护区、饮用水源保护区等特殊功能环境,标准就严格一些;对一般功能环境,标准就相对宽松一些。按照企业类型的不同,国家污染物排放标准,对新厂从严,对老厂从宽。按照环境污染物危害程度的不同,标准的宽严程度也不一,对剧毒物从严,对一般物从宽。

④ 可行性原则 制定环境标准,要根据生物生存和发展需要,同时还要考虑到经济合理、技术可行。要从实际出发做到切实可行,要对社会为执行标准所花的总费用和收到的总效益进行"费用-效益"分析,以寻求一个既能满足人群健康和维护生态平衡的要求,又能使防治费用最小,并在近期内实现的环境标准。

⑤ 积极采用国家环境标准和国外先进环境标准的原则 既可节约,又可接轨。

(2) 环境标准的制定程序

① 国家环境标准的制定 由国务院环境保护行政主管部门提出标准项目编制计划;由国家技术监督部门纳入全国各类标准编制计划;国务院环境保护行政主管部门下达制定标准计划任务书,由编制单位按照制定标准计划任务书的内容和要求,组织制定环境标准;标准草案(报批稿)报国务院环境保护行政主管部门审查批准;最后由国务院环境保护行政主管部门将批准后的标准送国家技术监督部门统一编号、发布。

② 地方环境标准的制定 由省级环境保护行政主管部门组织草拟,由同级人民政府批准、发布,并报国务院环境保护行政主管部门备案。

2. 环境标准的实施和监督

环境标准的实施和监督是环境标准化工作的重要内容。环境标准只有通过实施,其作用和效果才能实现。环境标准发布后,各有关部门都必须严格执行,任何单位不得擅自更改或降低标准。各级环境保护行政主管部门,都要为实施环境标准创造条件,制定实施计划和措施,充分运用环境监测等手段,监督、检查环境标准的执行。对因违反标准造成不良后果或重大事故者,要依法追究法律责任。

在标准的实施过程中,需要加强以下几方面的工作。

① 进一步健全和完善标准的内容,制定相应的管理条例。

② 建立、健全管理机构和专业队伍。

③ 加强环境标准的宣传教育。

四、环境标准体系

1. 环境标准体系的构成

（1）环境标准体系的定义

体系，是指在一定系统范围内具有内在联系的有机整体。环境标准体系，是指各种不同环境标准依其性质功能及其间客观的内在联系，相互依存、相互衔接、相互补充、相互制约所构成的一个有机整体。

我国根据环境标准的适用范围、性质、内容和作用，实行三级五类标准体系。三级是指国家标准、地方标准和环境保护部标准；五类是指环境质量标准、环境污染物排放标准、环境监测方法标准、环境标准样品标准、环境基础标准。

（2）环境标准体系的要素

一方面，由于环境的复杂多样性，使得在环境保护领域中需要建立针对不同对象的环境标准，因而它们各具不同的内容用途、性质特点等；另一方面，为使不同种类的环境标准有效地实现环境管理的总体目标，又需要科学地从环境管理的目的对象、作用方式出发，合理地组织协调各种标准，使它们相互支持、相互匹配以发挥标准系统的综合作用。

① 环境质量标准和污染物排放标准是环境标准体系的主体。它们是环境标准体系的核心内容，从环境监督管理的要求上集中体现了环境标准体系的基本功能，是实现环境标准体系目标的基本途径和表现。

② 环境基础标准是环境标准体系的基础。它是环境标准的"标准"，对统一、规范环境标准的制定、执行具有指导作用，是环境标准体系的基石。

③ 环境方法标准、环境标准样品标准构成环境标准体系的支持系统。它们直接服务于环境质量标准和污染物排放标准，是环境

质量标准与污染物排放标准内容上的配套补充以及环境质量标准与污染物排放标准有效执行的技术保证。

2. 环境标准体系的特点

环境标准不同于产品质量标准，有其独特的法规属性。环境标准属于技术法规，具有强制性，必须执行。

在计划经济时代，我国实行的是国家制定产品标准的体制。由于历史的原因，环境保护标准被纳入了标准化法的调整范围。但是鉴于环境保护标准的特殊性，标准化法在"标准的制定"一章中的第六条第三款规定"法律对标准的制定另有规定的依照法律的规定执行"。《中华人民共和国环境保护法》第九条、第十条规定：由国务院环境保护行政主管部门制定国家环境质量标准和污染物排放标准，只在编号、发布形式上采用产品标准的做法。应当指出，环境保护标准虽然采用产品标准的形式（如编 GB 号、采用产品标准的格式等）发布，但是环境标准与产品质量标准在内涵、外延和制定标准的目的等方面有着本质的区别。

① 在标准体系方面，环境标准体系具有一定的层次级别。如环境保护标准中的环境质量标准和污染物排放标准只有国家和地方两级，其他类别的环境标准只有国家级标准。

② 在各级标准和优先执行关系上，环境质量标准以国家级标准为主，地方环境质量标准补充制定国家级标准中没有的项目，国家级标准和地方级标准同时执行。地方污染物排放标准的项目可以是国家级标准中没有的项目，若与国家级标准项目相同则要严于国家级排放标准，执行标准时地方级标准优先于国家级标准。

③ 环境标准的内涵。环境因素错综复杂，且大多数是不能人为地加以控制的，因而制定环境保护标准要考虑被保护对象的要求和控制对象的承受能力。由于环境因素具有高度的特异性，一个特定区域的环境不可能在其他区域被复制，环境标准也就不能被完全地从一个区域复制到另一个区域。

3. 环境标准的分级

（1）国家环境标准

由国务院环境保护行政主管部门制定，针对全国范围内的一般环境问题。控制指标的确定是按全国的平均水平和要求提出的，适用于全国的环境保护工作。

（2）地方环境标准

由地方省、自治区、直辖市人民政府制定，适用于本地区的环境保护工作。国家环境标准在环境管理方面起着宏观指导作用，不可能充分兼顾各地的环境状况和经济技术条件。各地应酌情制定严于国家标准的地方标准，对国家标准中的原则性规定进一步细化和落实。这些标准的制定，不仅为地方控制污染物排放直接提供了依据，也为制定国家标准奠定了基础。

（3）环境保护部标准

环境保护部标准也称为环境保护的行业标准，国家环境保护总局从1993年开始制定环境保护行业标准，以便使环境管理工作进一步规范化、标准化。环境保护行业标准主要包括：环境管理工作中执行环保法律、法规和管理制度的技术规定、规范；环境污染治理设施、工程设施的技术性规定；环保监测仪器、设备的质量管理以及环境信息分类与编码等，适用于环境保护行业的管理。目前已发布的环境保护行业标准，如《环境影响评价技术导则》等。

4. 环境标准的分类

（1）环境质量标准

环境质量标准是各类环境标准的核心，是制定各类环境标准的依据，为环境管理部门提供工作指南和监督依据。环境质量标准对环境中有害物质和因素作了限制性规定，既规定了环境中各污染因子的容许含量，又规定了自然因素应该具有的不能再下降的指标。国家环境质量标准按环境要素和污染因素分成大气、水质、土壤、噪声、放射性等各类环境质量标准和污染因素控制标准。国家对环境质量提出了分级、分区和分期实现的目标值。

环境质量标准规定了环境中的各种污染物在一定的时间和空间范围内的容许含量。这类标准反映了人群和生态系统对环境质量的综合要求，也反映了社会为控制污染危害在技术上实现的可能性和在经济上承担的能力。环境质量标准按环境要素又分为水质量标准、大气质量标准、土壤质量标准和生物质量标准等。

（2）污染物排放标准

污染物排放标准是根据环境质量标准及污染治理技术、经济条件，而对排入环境的有害物质和产生危害的各种因素所作的限制性规定，是对污染源排放进行控制的标准。通常认为，只要严格执行排放标准，环境质量就应该达标。事实上由于各地区污染源的数量、种类不同，污染物降解程度及环境自净能力不同，即使排放满足了要求，环境质量也不一定能达到要求。为解决此矛盾，还制定了污染物的总量指标，将一个地区的污染物排放与环境质量的要求联系起来。

制定环境污染物排放标准的基本原则是：①尽量满足环境质量标准的要求；②必须考虑所规定允许排放量在控制技术上的可行性和经济上的合理性；③必须考虑污染源所在地区的环境条件和区域范围内污染源的分布和特点等。

制定环境污染物排放标准的主要方法有：①按照污染物扩散规律来制定，推算污染源排出口的容许排放量；②按照生产水平和技术、经济上可能达到的污染物控制能力来制定；③按照环境质量标准要求，计算区域范围内污染物容许排放总量，确定各个污染源分摊率，从而确定它们的容许排放量。

长久以来，我国实行的环境污染物排放标准以浓度控制为主，但由于污染物排放标准只规定了各种污染源排放污染物的容许浓度标准，而没有规定排入环境中的污染物数量，也没有考虑环境净化和容纳的能力，因而在污染源集中的城市和工矿区，尽管各个污染源排放的污染物达到排放标准，但污染物排放总量过大，仍然会使环境受到严重污染。因此，必须对污染物排放总量进行控制。总量排放标准也叫总量控制标准，把各个污染源排入某一环境的污染物总量限制在一定的数量之内，如果一个地区的污染源很多，而允许排放量又不能改变，那么每个企业污染源排放污染物数量就得减少，也就必须提高原来的排放标准。而总量排放标准，可以保证在工业企业很多的地区仍能控制环境污染。当前，我国正在研究并有部分地区正在制定总量排放标准。

（3）环境监测方法标准

环境监测方法标准是指为统一环境保护工作中的各项试验、检验、分析、采样、统计、计算和测定方法所作的技术规定。它与环境质量标准和排放标准紧密联系，每一种污染物的测定均需有配套的方法标准，而且必须全国统一才能得出正确的标准数据和测量数值；只有使不同部门出具的监测数据均处在同一水平上，在进行环境质量评价时才有可比性和实用价值。

（4）环境标准样品标准

环境标准样品指用以标定仪器、验证测量方法、进行量值传递或质量控制的材料或物质。它可评价分析方法，也可评价分析仪器、鉴别灵敏度和应用范围，还可评价分析者的水平，使操作技术规范化。在环境监测站的分析质量控制中，标准样品是分析质量考核中评价实验室各方面水平、进行技术仲裁的依据。

我国环境标准样品的种类有水质标准样品、气体标准样品、生物标准样品、土壤标准样品、固体标准样品、放射性物质标准样品、有机物标准样品等。

（5）环境基础标准

环境基础标准是对环境质量标准和污染物排放标准所涉及的技术术语、符号、代号（含代码）、制图方法及其他通用技术要求所作的技术规定。

环境标准包括多种内容、多种形式、多种用途的标准，充分反映了环境问题的复杂性和多样性。标准的种类、形式虽多，但都是为了保护环境质量而制定的技术规范，可以形成一个有机的整体。建立科学的环境标准体系，对于更好地发挥各类标准的作用，做好标准的制定和管理工作有着十分重要的意义。

5. 环境标准的执行原则和有关规定

① 国家环境保护标准分为强制性环境标准和推荐性环境标准。强制性标准以外的环境标准属于推荐性标准,国家鼓励采用推荐性环境标准。推荐性环境标准被强制性标准采用,也必须强制执行。强制性环境标准必须执行,超标即违法。

② 环境质量标准和污染物排放标准及法律、法规规定必须执行的其他标准为强制性标准。

③ 国家环境标准与地方环境标准的关系。地方环境标准严于国家环境标准;地方环境标准优先于国家环境标准的执行。

④ 国家污染物排放标准之间的关系。综合型排放标准与行业型排放标准不交叉执行,行业型排放标准优先执行。即有行业性排放标准的执行行业排放标准,没有行业排放标准的执行综合排放标准。

第二节 环境影响评价的常用环境标准

环境影响评价工作中实际需要使用到的环境标准非常多,但使用最多的主要为环境质量标准和环境污染物的排放标准。

一、环境质量标准

环境影响评价中涉及的环境质量标准主要包括大气、水体、声环境、土壤环境等方面的质量标准。常用的环境质量标准有:《环境空气质量标准 GB 3095》《室内空气质量标准 GB/T 18883》《地表水环境质量标准 GB 3838》《地下水质量标准 GB/T 14848》《海水水质标准 GB 3097》《声环境质量标准 GB 3096》《城市区域环境振动标准 GB 10070》《土壤环境质量标准 GB 15618》等。以下着重介绍《地表水环境质量标准》《环境空气质量标准》《声环境质量标准》的使用。

1. 地表水环境质量标准

以下以《地表水环境质量标准》(GB 3838—2002)为例,介绍水环境质量标准的有关内容。

(1) 主要内容

该标准项目共计 109 项,其中地表水环境质量标准基本项目 24 项,集中式生活饮用水地表水源地补充项目 5 项,集中式生活饮用水地表水源地特定项目 80 项。

地表水环境质量标准基本项目适用于全国江河、湖泊、运河、渠道、水库等具有使用功能的地表水水域;集中式生活饮用水地表水源地补充项目和特定项目适用于集中式生活饮用水地表水源地一级保护区和二级保护区。集中式生活饮用水地表水源地特定项目由县级以上人民政府环境保护行政主管部门根据本地区地表水水质特点和环境管理的需要进行选择,集中式生活饮用水地表水源地补充项目和选择确定的特定项目作为基本项目的补充指标。

(2) 适用范围

该标准按照地表水环境功能分类和保护目标,规定了水环境质量应控制的项目及限值,以及水质评价、水质项目的分析方法和标准的实施与监督。标准适用于中华人民共和国领域内江河、湖泊、运河、渠道、水库等具有使用功能的地表水水域,具有特定功能的水域执行相应的专业用水水质标准。

与近海水域相连的地表水河口水域根据水环境功能按本标准相应类别标准值进行管理,近海水功能区水域根据使用功能按《海水水质标准》相应类别标准值进行管理。批准划定的单一渔业水域按《渔业水质标准》进行管理。处理后的城市污水及与城市污水水质相近的工业废水作为农田灌溉用水的水质按《农田灌溉水质标准》进行管理。

(3) 水域环境功能和标准分类

标准依据地表水水域环境功能和保护目标,按功能高低依次划分为五类地表水水域功能区(见表 3-1)。对应地表水五类水域功能,将地表水环境质量标准基本项目标准值分为五类,不同功能类别分别执行相应类别的标准值,水域功能类别高的标准值严于水域功能类别低的标准值,同一水域兼有多类使用功能的,执行最高功能类别对应的标准值。实现水域功能与达到功能类别标准为同一含义。

表 3-1 地表水水域功能区划分

功能区类别	使用功能
Ⅰ类	主要适用于源头水、国家自然保护区
Ⅱ类	主要适用于集中式生活饮用水地表水源地一级保护区、珍稀水生生物栖息地、鱼虾类产卵场、仔稚幼鱼的索饵场等
Ⅲ类	主要适用于集中式生活饮用水地表水源地二级保护区、鱼虾类越冬场、洄游通道、水产养殖区等渔业水域及游泳区
Ⅳ类	主要适用于一般工业用水区及人体非直接接触的娱乐用水区
Ⅴ类	主要适用于农业用水区及一般景观要求水域

(4) 地表水环境质量标准部分指标及限值

以下以地表水环境质量基本项目标准及其限值为例,介绍有关指标与限值(见表 3-2)。

表 3-2 地表水环境质量基本项目标准及限值

单位:mg/L

序号	项目|标准值|分类	Ⅰ类	Ⅱ类	Ⅲ类	Ⅳ类	Ⅴ类
1	水温/℃	人为造成的环境水温变化应限制在:周平均最大温升≤1;周平均最大温降≤2					
2	pH 值(无量纲)	6~9				
3	溶解氧 ≥	饱和率90%(或7.5)	6	5	3	2
4	高锰酸盐指数 ≤	2	4	6	10	15
5	生化需氧量(COD) ≤	15	15	20	30	40
6	五日生化需氧量(BOD_5) ≤	3	3	4	6	10

续表

序号	项目|标准值|分类		I 类	II 类	III 类	IV 类	V 类
7	氨氮(NH_3-N)	≤	0.15	0.5	1.0	1.5	2.0
8	总磷(以 P 计)	≤	0.02(湖、库 0.01)	0.1(湖、库 0.025)	0.2(湖、库 0.05)	0.3(湖、库 0.1)	0.4(湖、库 0.2)
9	总氮(湖、库,以 N 计)	≤	0.2	0.5	1.0	1.5	2.0
10	铜	≤	0.01	1.0	1.0	1.0	1.0
11	锌	≤	0.05	1.0	1.0	2.0	2.0
12	氟化物(以 F^- 计)	≤	1.0	1.0	1.0	1.5	1.5
13	硒	≤	0.01	0.01	0.01	0.02	0.02
14	砷	≤	0.05	0.05	0.05	0.1	0.1
15	汞	≤	0.00005	0.00005	0.0001	0.001	0.001
16	镉	≤	0.001	0.005	0.005	0.005	0.01
17	铬(六价)	≤	0.01	0.05	0.05	0.05	0.1
18	铅	≤	0.01	0.01	0.05	0.05	0.1
19	氰化物	≤	0.005	0.05	0.2	0.2	0.2
20	挥发酚	≤	0.002	0.002	0.005	0.01	0.1
21	石油类	≤	0.05	0.05	0.05	0.5	1.0
22	阴离子表面活性剂	≤	0.2	0.2	0.2	0.3	0.3
23	硫化物	≤	0.05	0.1	0.2	0.5	1.0
24	粪大肠菌群/(个/L)	≤	200	2000	10000	20000	40000

2. 环境空气质量标准

以下以《环境空气质量标准》(GB 3095—2012)为例,介绍大气环境质量标准的有关内容。

(1) 主要内容与适用范围

标准规定了环境空气功能区分类、标准分级、污染物项目、平均时间及浓度限值、监测方法、数据统计的有效性规定及实施与监督等内容。标准中的污染物浓度均为质量浓度，标准适用于环境空气质量评价与管理。

(2) 环境功能区分类及质量要求

① 环境空气功能区分为两类：一类区为自然保护区、风景名胜区和其他需要特殊保护的区域；二类区为居住区、商业交通居民混合区、文化区、工业区和农村地区。

② 环境空气功能区质量要求：一类区适用一级浓度限值，二类区适用二级浓度限值（见表 3-3 和表 3-4）。

表 3-3 环境空气污染物基本项目浓度限值

序号	污染物项目	平均时间	浓度限值 一级	浓度限值 二级	单位
1	二氧化硫(SO_2)	年平均	20	60	
		24 小时平均	50	150	
		1 小时平均	150	500	
2	二氧化氮(NO_2)	年平均	40	40	
		24 小时平均	80	80	
		1 小时平均	200	200	
3	一氧化碳(CO)	24 小时平均	4	4	$\mu g/m^3$
		1 小时平均	10	10	
4	臭氧(O_3)	日最大 8 小时平均	100	160	
		1 小时平均	160	200	
5	颗粒物(粒径≤10μm)	年平均	40	70	
		24 小时平均	50	150	
6	颗粒物(粒径≤2.5μm)	年平均	15	35	
		24 小时平均	35	75	

表 3-4　环境空气污染物其他项目浓度限值

序号	污染物项目	平均时间	浓度限值 一级	浓度限值 二级	单位
1	总悬浮颗粒物(TSP)	年平均	80	200	$\mu g/m^3$
1	总悬浮颗粒物(TSP)	24 小时平均	120	300	$\mu g/m^3$
2	氮氧化物(NO_x)	年平均	50	50	$\mu g/m^3$
2	氮氧化物(NO_x)	24 小时平均	100	100	$\mu g/m^3$
2	氮氧化物(NO_x)	1 小时平均	250	250	$\mu g/m^3$
3	铅(Pb)	年平均	0.5	0.5	$\mu g/m^3$
3	铅(Pb)	季平均	1	1	$\mu g/m^3$
4	苯并[a]芘(B[a]P)	年平均	0.001	0.001	$\mu g/m^3$
4	苯并[a]芘(B[a]P)	24 小时平均	0.0025	0.0025	$\mu g/m^3$

3. 声环境质量标准

以下以《声环境质量标准》(GB 3096—2008)为例，介绍声环境质量标准的有关内容。

(1) 主要内容

为贯彻《中华人民共和国环境噪声污染防治法》，防治噪声污染，保障城乡居民正常生活、工作和学习的声环境质量，制定该标准。标准是对《城市区域环境噪声标准》(GB 3096—93)和《城市区域环境噪声测量方法》(GB/T 14623—93)的修订。

(2) 适用范围

标准规定了五类声环境功能区的环境噪声限值及测量方法，适用于声环境质量评价与管理。其中，机场周围区域受飞机通过（起飞、降落、低空飞越）噪声的影响不适用于本标准。

(3) 环境功能区分类及质量要求

1) 按区域的使用功能特点和环境质量要求，声环境功能区分为以下五种类型。

① 0 类声环境功能区　指康复疗养区等特别需要安静的

区域。

② 1 类声环境功能区　指以居民住宅、医疗卫生、文化教育、科研设计、行政办公为主要功能，需要保持安静的区域。

③ 2 类声环境功能区　指以商业金融、集市贸易为主要功能，或者居住、商业、工业混杂，需要维护住宅安静的区域。

④ 3 类声环境功能区　指以工业生产、仓储物流为主要功能，需要防止工业噪声对周围环境产生严重影响的区域。

⑤ 4 类声环境功能区　指交通干线两侧一定距离之内，需要防止交通噪声对周围环境产生严重影响的区域，包括 4a 类和 4b 类两种类型。4a 类为高速公路、一级公路、二级公路、城市快速路、城市主干路、城市次干路、城市轨道交通（地面段）、内河航道两侧区域；4b 类为铁路干线两侧区域。

2）城市与乡村的声环境功能区划分

① 城市区域应按照 GB/T 15190 的规定划分声环境功能区，分别执行本标准规定的 0 类、1 类、2 类、3 类、4 类声环境功能区环境噪声限值。

② 乡村区域一般不划分声环境功能区，根据环境管理的需要，县级以上人民政府环境保护行政主管部门可按以下要求确定乡村区域适用的声环境质量要求。

a. 位于乡村的康复疗养区执行 0 类声环境功能区要求；

b. 村庄原则上执行 1 类声环境功能区要求，工业活动较多的村庄以及有交通干线经过的村庄（指执行 4 类声环境功能区要求以外的地区）可局部或全部执行 2 类声环境功能区要求；

c. 集镇执行 2 类声环境功能区要求；

d. 独立于村庄、集镇之外的工业、仓储集中区执行 3 类声环境功能区要求；

e. 位于交通干线两侧一定距离（参考 GB/T 15190 第 83 条规定）内的噪声敏感建筑物执行 4 类声环境功能区要求。

(4) 环境功能区噪声限值（见表 3-5）

表 3-5　环境噪声限值　　　　　单位：dB(A)

声环境功能类别		时段	
		昼间	夜间
0 类		50	40
1 类		55	45
2 类		60	50
3 类		65	55
4 类	4a 类	70	55
	4b 类	70	60

二、污染物排放与控制标准

环境影响评价中涉及的污染物排放与控制标准主要包括大气、水体污染物及环境噪声的排放标准，以及固体废物污染控制标准等。常见的有：《大气污染物综合排放标准》（GB 16297）、《工业炉窑大气污染物排放标准》（GB 9078）、《锅炉大气污染物排放标准》（GB 13271）、《污水综合排放标准》（GB 8978）、《城镇污水处理厂污染物排放标准》（GB 18918）、《畜禽养殖业污染物排放标准》（GB 18596）、《工业企业厂界环境噪声排放标准》（GB 12348）、《建筑施工场界环境噪声排放标准》（GB 12523）、《一般工业固体废物贮存、处置场污染控制标准》（GB 18599）、《危险废物贮存污染控制标准》（GB 18597）等。

1. 大气污染物排放标准

以下以《大气污染物综合排放标准》（GB 16297—1996）为例，着重介绍大气污染物排放标准的有关内容。

（1）主要内容

标准规定了 33 种大气污染物的排放限值，其指标体系为最高允许排放浓度、最高允许排放速率和无组织排放监控浓度限值。

国家在控制大气污染物排放方面，除该标准为综合性排放标准外，还有若干行业性排放标准共同存在。即除若干行业执行各自的行业性国家大气污染物排放标准外，其余均执行该标准。

（2）适用范围

① 在我国现有的国家大气污染物排放标准体系中按照综合性排放标准与行业性排放标准不交叉执行的原则。锅炉执行《锅炉大气污染物排放标准》（GB 13271）、工业炉窑执行《工业炉窑大气污染物排放标准》（GB 9078）、火电厂执行《火电厂大气污染物排放标准》（GB 13223）、炼焦炉执行《炼焦炉大气污染物排放标准》（GB 16171）、水泥厂执行《水泥厂大气污染物排放标准》（GB 4915）、恶臭物质排放执行《恶臭污染物排放标准》（GB 14554）、汽车排放执行《汽车大气污染物排放标准》（GB 14761.1～14761.7）、摩托车排气执行《摩托车排气污染物排放标准》（GB 14621），其他大气污染物排放均执行本标准。

② 标准实施后再行发布的行业性国家大气污染物排放标准，按其适用范围规定的污染源不再执行本标准。

③ 标准适用于现有污染源大气污染物排放管理，以及建设项目的环境影响评价、设计、环境保护设施竣工验收及其投产后的大气污染物排放管理。

（3）指标体系

① 通过排气筒排放废气的最高允许排放浓度。

② 通过排气筒排放的废气按排气筒高度规定的最高允许排放速率。

任何一个排气筒必须同时遵守上述两项指标，超过其中任何一项均为超标排放。

③ 以无组织方式排放的废气规定无组织排放的监控点及相应的监控浓度限值。

（4）标准分级

标准规定的最高允许排放速率现有污染源分为一级、二级、三级；新污染源分为二级、三级。按污染源所在的环境空气质量功能区类别执行相应级别的排放速率标准,即位于一类区的污染源执行一级标准(一类区禁止新扩建污染源,一类区现有污染源改建时执行现有污染源的一级标准)、位于二类区的污染源执行二级标准、位于三类区❶的污染源执行三级标准。

(5) 有关规定

① 同一指标分时段执行不同的标准值,如 1997 年 1 月 1 日前设立的污染源(简称为现有污染源)执行 [标准中表 1] 所列标准值;1997 年 1 月 1 日起设立(包括新建、扩建、改建)的污染源(简称为新污染源)执行 [标准中表 2] 所列标准值。一般情况下,应以建设项目环境影响报告书(表)批准日期作为其设立日期;未经环境保护行政主管部门审批设立的污染源应按补做的环境影响报告书(表)批准日期作为其设立日期。

② 排气筒高度除须遵守表列排放速率标准值外,还应高出周围 200 米半径范围的建筑 5 米以上,不能达到该要求的排气筒,应按其高度对应的表列排放速率标准值严格 50% 执行。

③ 两个排放相同污染物(不论其是否由同一生产工艺过程产生)的排气筒,若其距离小于其几何高度之和应合并视为一根等效排气筒。若有三根以上的近距排气筒且排放同一种污染物,应以前两根的等效排气筒依次与第三、四根排气筒取等效值。

④ 若某排气筒的高度处于本标准列出的两个值之间,其执行的最高允许排放速率以内插法计算;当某排气筒的高度大于或小于本标准列出的最大或最小值时,其最高允许排放速率以外推法计算。

⑤ 新污染源的排气筒一般不应低于 15 米。

⑥ 工业生产尾气确需燃烧排放的,其烟气黑度不得超过林格曼 1 级。

(6) 标准的部分指标与限值(见表 3-6 和表 3-7)。

---

❶《环境空气质量标准》(GB 3095—2012)已取消三类环境空气功能区。

表 3-6 现有污染源大气污染物排放限值［标准中表 1］(节选)

序号	污染物	最高允许排放浓度/(mg/m³)	最高允许排放速率/(kg/h)				无组织排放监控浓度限值	
			排气筒/m	一级	二级	三级	监控点	浓度/(mg/m³)
1	二氧化硫	1200(硫、二氧化硫、硫酸和其他含硫化合物生产) 700(硫、二氧化硫、硫酸和其他含硫化合物使用)	15 20 30 40 50 60 70 80 90 100	1.6 2.6 8.8 15 23 33 47 63 82 100	3.0 5.1 17 30 45 64 91 120 160 200	4.1 7.7 26 45 69 98 140 190 240 310	无组织排放源上风向设参照点、下风向设监控点①	0.50(监控点与参照点浓度差值)
2	氮氧化物	1700(硝酸、氮肥和火炸药生产) 420(硝酸使用和其他)	15 20 30 40 50 60 70 80 90 100	0.47 0.77 2.6 4.6 7.0 9.9 14 19 24 31	0.91 1.5 5.1 8.9 14 19 27 37 47 61	1.4 2.3 7.7 14 21 29 41 56 72 92	无组织排放源上风向设参照点、下风向设监控点②	0.15(监控点与参照点浓度差值)

① 一般应于无组织排放源上风向 2～50m 范围内设参照点，排放源下风向 2～50m 范围内设监控点。

② 均指含游离二氧化硅 10% 以上的各种尘。

2. 水污染物排放标准

以下以《污水综合排放标准》(GB 8978—1996)为例，着重介绍水污染物排放标准的有关内容。

(1) 主要内容

按照污水排放去向，标准分年限规定了 69 种水污染物最高允许排放浓度及部分行业最高允许排水量。

表 3-7　现有污染源大气污染物排放限值［标准中表 2］（节选）

序号	污染物	最高允许排放浓度/(mg/m³)	最高允许排放速率/(kg/h)			无组织排放监控浓度限值	
			排气筒/m	二级	三级	监控点	浓度/(mg/m³)
1	二氧化硫	960（硫、二氧化硫、硫酸和其他含硫化合物生产）	15 20 30 40 50 60	2.6 4.3 15 25 39 55	3.5 6.6 22 38 58 83	周界外浓度最高点[①]	0.40
		550（硫、二氧化硫、硫酸和其他含硫化合物使用）	70 80 90 100	77 110 130 170	120 160 200 270		
2	氮氧化物	1400（硝酸、氮肥和火炸药生产）	15 20 30 40 50 60	0.77 1.3 4.4 7.5 12 16	1.2 2.0 6.6 11 18 25	周界外浓度最高点	0.12
		240（硝酸使用和其他）	70 80 90 100	23 31 40 52	35 47 61 78		

①周界外浓度最高点一般应设置于无组织排放源下风向的单位周界外 10m 范围内，若预计无组织排放的最大落地浓度点越出 10m 范围，可将监控点移至该预计浓度最高点。

（2）适用范围

标准适用于现有单位水污染物的排放管理，以及建设项目的环境影响评价、建设项目的环境保护设施设计、竣工验收及其投产后的排放管理。标准颁布后，新增加国家行业水污染物排放标准的行业，按其适用范围执行相应的国家水污染物行业标准，不再执行该标准。

（3）技术内容

① 标准分级

a. 排入 GB 3838 Ⅲ类水域（划定的保护区和游泳区除外）和排入 GB 3097 中二类海域的污水，执行一级标准。

b. 排入 GB 3838 中Ⅳ类水域、Ⅴ类水域和排入 GB 3097 中三类海域的污水，执行二级标准。

c. 排入设置二级污水处理厂的城镇排水系统的污水，执行三级标准。

d. 排入未设置二级污水处理厂的城镇排水系统的污水，必须根据排水系统出水受纳水域的功能要求，分别执行上文①和②的规定。

e. GB 3838 中Ⅰ类水域、Ⅱ类水域和Ⅲ类水域中划定的保护区，GB 3097 中一类海域，禁止新建排污口，现有排污口应按水体功能要求，实行污染物总量控制，以保证受纳水体水质符合规定用途的水质标准。

② 标准值

a. 标准将排放的污染物按其性质及控制方式分为两类：第一类污染物，不分行业和污水排放方式，也不分受纳水体的功能类别，一律在车间或车间处理设施排放口采样，其最高允许排放浓度必须达到标准要求（采矿行业的尾矿坝出水口不得视为车间排放口）；第二类污染物，在排污单位排放口采样，其最高允许排放浓度必须达到标准要求。

b. 标准指标分时段执行不同的标准值，划分时段的节点为 1997 年 12 月 31 日，建设（包括改、扩建）单位的建设时间，以环境影响评价报告书（表）批准日期为准进行划分。

③ 其他规定

a. 同一排放口排放两种或两种以上不同类别的污水，且每种污水的排放标准又不同时，其混合污水的排放标准按附录 A 计算。

b. 工业污水污染物的最高允许排放负荷量按相关附录计算。

c. 污染物最高允许年排放总量按相关附录计算。

d. 对于排放含有放射性物质的污水，除执行本标准外，还必须符合《辐射防护规定》(GB 8703)。

(4) 标准的部分指标与限值(见表 3-8～表 3-10)

表 3-8 第一类污染物最高允许排放浓度 单位:mg/L

序号	污染物	最高允许排放浓度
1	总汞	0.05
2	烷基汞	不得检出
3	总镉	0.1
4	总铬	1.5
5	六价铬	0.5
6	总砷	0.5
7	总铅	1.0
8	总镍	1.0
9	苯并[a]芘	0.00003
10	总铍	0.005
11	总银	0.5
12	总 α 放射性	1Bq/L
13	总 β 放射性	10Bq/L

表 3-9 第二类污染物最高允许排放浓度(节选)

(1997 年 12 月 31 日之前建设的单位) 单位:mg/L

序号	污染物	适用范围	一级标准	二级标准	三级标准
1	pH	一切排污单位	6～9	6～9	6～9
2	色度 (稀释倍数)	染料工业	50	180	—
		其他排污单位	50	80	—
		采矿、选矿、选煤工业	100	300	—
		脉金选矿	100	500	—

续表

序号	污染物	适用范围	一级标准	二级标准	三级标准
3	悬浮物（SS）	边远地区砂金选矿	100	800	—
		城镇二级污水处理厂	20	30	—
		其他排污单位	70	200	400
4	五日生化需氧量（BOD_5）	甘蔗制糖、苎麻脱胶、湿法纤维板工业	30	100	600
		甜菜制糖、酒精、味精、皮革、化纤浆粕工业	30	150	600
		城镇二级污水处理厂	20	30	—
		其他排污单位	30	60	300

表 3-10　第二类污染物最高允许排放浓度（节选）

（1998 年 1 月 1 日之后建设的单位）　单位：mg/L

序号	污染物	适用范围	一级标准	二级标准	三级标准
1	pH	一切排污单位	6～9	6～9	6～9
2	色度（稀释倍数）	一切排污单位	50	80	—
		采矿、选矿、选煤工业	70	300	—
		脉金选矿	70	400	—
		边远地区砂金选矿	70	800	—
3	悬浮物（SS）	城镇二级污水处理厂	20	30	—
		其他排污单位	70	150	400
		甘蔗制糖、苎麻脱胶、湿法纤维板、染料、洗毛工业	20	60	600
		甜菜制糖、酒精、味精、皮革、化纤浆粕工业	20	100	600
4	五日生化需氧量（BOD_5）	城镇二级污水处理厂	20	30	—
		其他排污单位	20	30	300
		一切排污单位	50	80	—

3. 环境噪声排放标准

以下以《工业企业厂界环境噪声排放标准》(GB 12348—2008) 为例,着重介绍环境噪声排放标准的有关内容。

(1) 适用范围

标准规定了工业企业和固定设备厂界环境噪声排放限值及其测量方法,适用于工业企业噪声排放的管理、评价及控制。机关、事业单位、团体等对外环境排放噪声的单位也按该标准执行。

(2) 术语和定义

① 工业企业厂界环境噪声　指在工业生产活动中使用固定设备等产生的、在厂界处进行测量和控制的干扰周围生活环境的声音。

② A 声级　用 A 计权网络测得的声压级,用 L_A 表示,单位 dB(A)。

③ 等效声级　等效连续 A 声级的简称,指在规定测量时间 T 内 A 声级的能量平均值,用 $L_{Aeq,T}$ 表示(简写为 Leq),单位 dB(A)。

④ 厂界　由法律文书(如土地使用证、房产证、租赁合同等)中确定的业主所拥有使用权(或所有权)的场所或建筑物边界。各种产生噪声的固定设备的厂界为其实际占地的边界。

⑤ 噪声敏感建筑物　指医院、学校、机关、科研单位、住宅等需要保持安静的建筑物。

⑥ 昼间、夜间　根据《中华人民共和国环境噪声污染防治法》,"昼间"是指 6:00 至 22:00 之间的时段;"夜间"是指 22:00 至次日 6:00 之间的时段。县级以上人民政府为环境噪声污染防治的需要(如考虑时差、作息习惯差异等)而对昼间、夜间的划分另有规定的,应按其规定执行。

(3) 环境噪声排放限值

① 厂界环境噪声排放限值

a. 工业企业厂界环境噪声排放不得超过表 3-11 的限值。

表 3-11 工业企业厂界环境噪声排放限值

单位：dB(A)

厂界外功能区类别	时段	昼间	夜间
0		50	40
1		55	45
2		60	50
3		65	55
4		70	55

b. 夜间频发噪声的最大声级超过限值的幅度不得高于10dB(A)。

c. 夜间偶发噪声的最大声级超过限值的幅度不得高于15dB(A)。

d. 工业企业若位于未划分声环境功能区的区域，当厂界外有噪声敏感建筑物时，由当地县级以上人民政府参照 GB 3096 和 GB/T 15190 的规定确定厂界外区域的声环境质量要求，并执行相应的厂界环境噪声排放限值。

e. 当厂界与噪声敏感建筑物距离小于1m 时，厂界环境噪声应在噪声敏感建筑物的室内测量，并将表 3-10 中相应的限值减 10dB(A) 作为评价依据。

② 结构传播固定设备室内噪声排放限值（见表 3-12）

当固定设备排放的噪声通过建筑物结构传播至噪声敏感建筑物室内时，噪声敏感建筑物室内等效声级应执行有关排放限值。

4. 固体废物污染控制标准

以下以《一般工业固体废物贮存、处置场污染控制标准》（GB 18599—2001）为例，着重介绍固体废物污染控制标准的有关内容。

表 3-12　结构传播固定设备室内噪声排放限值

单位：dB(A)

噪声敏感建筑物所处声环境功能区类别	房间类型 时段	A 类房间		B 类房间	
		昼间	夜间	昼间	夜间
0		40	30	40	30
1		40	30	45	35
2、3、4		45	35	50	40

说明：A 类房间是指以睡眠为主要目的，需要保证夜间安静的房间，包括住宅卧室、医院病房、宾馆客房等。B 类房间是指主要在昼间使用，需要保证思考与精神集中、正常讲话不被干扰的房间，包括学校教室、会议室、办公室、住宅中卧室以外的其他房间等。

(1) 主要内容与适用范围

标准规定了一般工业固体废物贮存、处置场的选址、设计、运行管理、关闭与封场以及污染控制与监测等要求。

标准适用于新建、扩建、改建及已经建成投产的一般工业固体废物贮存、处置场的建设、运行和监督管理；不适用于危险废物和生活垃圾填埋场。

(2) 贮存、处置场的类型

贮存、处置场划分为Ⅰ和Ⅱ两个类型。

堆放第Ⅰ类一般工业固体废物的贮存、处置场为第一类，简称Ⅰ类场。

堆放第Ⅱ类一般工业固体废物的贮存、处置场为第二类，简称Ⅱ类场。

(3) 场址选择的环境保护要求

① Ⅰ类场和Ⅱ类场的共同要求。

a. 所选场址应符合当地城乡建设总体规划要求。

b. 应选在工业区和居民集中区主导风向下风侧，厂界距居民集中区 500m 以上。

c. 应选在满足承载力要求的地基上，以避免地基下沉的影响，特别是不均匀或局部下沉的影响。

d. 应避开断层、断层破碎带、溶洞区，以及天然滑坡或泥石流影响区。

e. 禁止选在江河、湖泊、水库最高水位线以下的滩地和洪泛区。

f. 禁止选在自然保护区、风景名胜区和其他需要特别保护的区域。

② Ⅰ类场的其他要求。应优先选用废弃的采矿坑、塌陷区。

③ Ⅱ类场的其他要求。

a. 应避开地下水主要补给区和饮用水源含水层。

b. 应选在防渗性能好的地基上。天然基础层地表距地下水位不得小于1.5m。

（4）贮存、处置场设计的环境保护要求

① Ⅰ类场和Ⅱ类场的共同要求

a. 贮存、处置场的建设类型，必须与将要堆放的一般工业固体废物的类别相一致。

b. 建设项目环境影响评价中应设置贮存、处置场专题评价；扩建、改建和超期服役的贮存、处置场，应重新履行环境影响评价手续。

c. 贮存、处置场应采取防止粉尘污染的措施。

d. 为防止雨水径流进入贮存、处置场内，避免渗滤液量增加和滑坡，贮存、处置场周边应设置导流渠。

e. 应设计渗滤液集排水设施。

f. 为防止一般工业固体废物和渗滤液的流失，应构筑堤、坝、挡土墙等设施。

g. 为保障设施、设备正常运营，必要时应采取措施防止地基下沉，尤其是防止不均匀或局部下沉。

h. 含硫量大于 1.5% 的煤矸石，必须采取措施防止自燃。

i. 为加强监督管理，贮存、处置场应按 GB 15562.2 设置环境保护图形标志。

② Ⅱ类场的其他要求

a. 当天然基础层的渗透系数大于 1.0×10^{-7} cm/s 时，应采用天然或人工材料构筑防渗层。防渗层的厚度应相当于渗透系数 1.0×10^{-7} cm/s 和厚度 1.5m 的黏土层的防渗性能。

b. 必要时应设计渗滤液处理设施，对渗滤液进行处理。

c. 为监控渗滤液对地下水污染，贮存、处置场周边至少应设置三口地下水质监控井。第一口沿地下水流向设在贮存、处置场上游，作为对照井；第二口沿地下水流向设在贮存、处置场下游，作为污染监视监测井；第三口设在最可能出现扩散影响的贮存、处置场周边，作为污染扩散监测井。

地质和水文地质资料表明含水层埋藏较深，经论证认定地下水不会被污染时，可以不设置地下水质监控井。

(5) 贮存、处置场的运行管理环境保护要求

① Ⅰ类场和Ⅱ类场的共同要求

a. 贮存、处置场的竣工，必须经原审批环境影响报告书（表）的环境保护行政主管部门验收合格后，方可投入生产或使用。

b. 一般工业固体废物贮存、处置场，禁止危险废物和生活垃圾混入。

c. 贮存、处置场的渗滤液达到 GB 8978 标准后方可排放，大气污染物排放应满足 GB 16297 无组织排放要求。

d. 贮存、处置场使用单位，应建立检查维护制度。定期检查维护堤、坝、挡土墙、导流渠等设施，发现有损坏可能或异常，应及时采取必要措施，以保障正常运行。

e. 贮存、处置场的使用单位，应建立档案制度。应将入场的一般工业固体废物的种类和数量以及下列资料，详细记录在案，长期保存，以供随时查阅。ⓐ各种设施和设备的检查维护资料；ⓑ地

基下沉、坍塌、滑坡等的观测和处置资料；ⓒ渗滤液及其处理后的水污染物排放和大气污染物排放等的监测资料。

f. 贮存、处置场的环境保护图形标志，应按 GB 15562.2 规定进行检查和维护。

② Ⅰ类场的其他要求

禁止Ⅱ类一般工业固体废物混入。

③ Ⅱ类场的其他要求

a. 应定期检查维护防渗工程，定期监测地下水水质，发现防渗功能下降，应及时采取必要措施。地下水水质按 GB/T 14848 规定评定。

b. 应定期检查维护渗滤液集排水设施和渗滤液处理设施，定期监测渗滤液及其处理后的排放水水质，发现集排水设施不通畅或处理后的水质超过 GB 8978 或地方的污染物排放标准，必须及时采取必要措施。

(6) 关闭与封场的环境保护要求

① Ⅰ类场和Ⅱ类场的共同要求

a. 当贮存、处置场服务期满或因故不再承担新的贮存、处置任务时，应分别予以关闭或封场。关闭或封场前，必须编制关闭或封场计划，报请所在地县级以上环境保护行政主管部门核准，并采取污染防治措施。

b. 关闭或封场时，表面坡度一般不超过33%。标高每升高3~5m，须建造一个台阶。台阶应有不小于1m的宽度、2%~3%的坡度和能经受暴雨冲刷的强度。

c. 关闭或封场后，仍需继续维护管理，直到稳定为止。这样可以防止覆土层下沉、开裂，致使渗滤液量增加，并防止一般工业固体废物堆体失稳而造成滑坡等事故。

d. 关闭或封场后，应设置标志物，注明关闭或封场时间，以及使用该土地时应注意的事项。

② Ⅰ类场的其他要求

为利于恢复植被，关闭时表面一般应覆一层天然土壤，其厚度视固体废物的颗粒度大小和拟种植物种类确定。

③ Ⅱ类场的其他要求

a. 为防止固体废物直接暴露和雨水渗入堆体内，封场时表面应覆土两层：第一层为阻隔层，覆 20～45cm 厚的黏土并压实，防止雨水渗入固体废物堆体内；第二层为覆盖层，覆天然土壤，以利植物生长，其厚度视栽种植物种类而定。

b. 封场后，渗滤液及其处理后排放水的监测系统应继续维持正常运转，直至水质稳定为止。地下水监测系统应继续维持正常运转。

(7) 污染物控制与监测

① 污染控制项目

a. 渗滤液及其处理后的排放水应选择一般工业固体废物的特征组分作为控制项目。

b. 地下水贮存、处置场投入使用前，以 GB/T 14848 规定的项目为控制项目；使用过程中和关闭或封场后的控制项目，可选择所贮存、处置的固体废物的特征组分。

c. 大气贮存、处置场以颗粒物为控制项目，其中属于自燃性煤矸石的贮存、处置场，以颗粒物和二氧化硫为控制项目。

② 监测

a. 渗滤液及其处理后的排放水

a) 采样点设在排放口。

b) 采样频率：每月一次。

c) 测定方法：按 GB 8978 选配方法进行。

b. 地下水

a) 采样点设在地下水质监控井。

b) 采样频率：贮存、处置场投入使用前，至少应监测一次本底水平；在运行过程中和封场后，每年按枯、平、丰水期进行，每期一次。

思考与练习

1. 简述环境标准在环境影响评价中的作用。
2. 试述环境质量标准与环境污染物排放标准的关系。
3. 根据现有知识,列举简单建设项目环境影响评价应使用的常见环境标准。

第四章 建设项目环境影响评价资质管理

第一节 我国建设项目环境影响评价资质概述

一、我国建设项目环境影响评价资质管理的沿革发展

我国关于环境影响评价机构资质的最早规定，见于1986年3月国务院环境保护委员会、国家计划委员会、国家经济委员会发布的《建设项目环境保护管理办法》。该办法指出了对从事环境影响评价的单位实行资格审查制度，要求承担环境影响评价工作的单位必须持有建设项目环境影响评价证书，并按照证书规定的范围开展环境影响评价工作。同年6月，国家环境保护局制定颁布了《建设项目环境影响评价证书管理办法（试行）》，进一步明确了环境影响评价的资质管理要求。

1. 实施《建设项目环境影响评价证书管理办法（试行）》阶段

1986~1989年，根据《建设项目环境影响评价证书管理办法（试行）》的规定，环境影响评价证书分为综合证书和专项证书两种。国家环境保护局和各省、自治区、直辖市环境保护局都有权核发评价证书，两级核发、两级管理。持综合证书的评价单位可以在全国承接建设项目的环境影响评价工作；持专项证书的评价单位只能按证书限定在本地区、本行业范围内承接建设项目的环境影响评

价工作。目前,全国有1500余个单位获得评价资质。

持证评价有效地规范了评价市场,有利于环境影响评价工作的管理,也使环境影响评价的质量有所提高。但当时具有综合证书评价资质的单位大都是高等院校、环境保护科研单位,一些设计、研究单位虽然技术力量雄厚、业务水平高,却只能获得和专业有关的专项评价证书。从长远发展看,这制约了环境影响评价行业的发展和水平的提高。

2. 实施《建设项目环境影响评价证书管理办法》阶段

经过三年的试行,在总结经验的基础上,1989年国家环境保护局正式发布了《建设项目环境影响评价证书管理办法》。

《建设项目环境影响评价证书管理办法》中详细规定了评价证书的等级、申请证书的条件和程序、持证单位的职责及其考核办法等,并将环境影响评价证书的综合证书和专项证书改为甲级证书和乙级证书两种。甲级证书单位可以承接全国范围内各种规模的基本建设项目和技术改造项目以及区域开发建设项目的环境影响评价工作;乙级证书单位可承接所在省、自治区、直辖市各级人民政府环境保护部门负责审批的基本建设项目、技术改造项目和省级人民政府确定的区域开发建设项目环境影响评价工作。甲级证书单位的核发权在国家环境保护总局,乙级证书单位的核发权在所在省、自治区、直辖市各级人民政府环境保护部门。对评价单位的资质要求,强调的是事业单位,国务院各有关部门和省、自治区、直辖市各级人民政府有关部门批准成立的事业单位有权申领甲级证书;省、自治区、直辖市以下各级人民政府批准成立的事业单位只能申领乙级评价证书。

评价证书分级后,一批有能力的单位获得了甲级评价证书。全国共有700余家单位分别获取甲级评价证书或乙级评价证书,形成一支素质较高的环境影响评价队伍。但由于评价资质受到单位批准机关的级别限制,不是以技术能力为判定标准,仍不够合理;评价单位工作范围又没有了限制,体现不出专业特长,不利于发挥技术优势。而且国家和省、自治区、直辖市两级核发评价证书,也不利于控制评价单位数量和保证评价单位质量。

1998年11月,国务院253号令发布的《建设项目环境保护管理条例》,以国家法规的形式首次明确规定对从事环境影响评价工作的单位实行资格审查制度。该条例规定资格证书由国务院环境保护主管部门核发;评价证书要规定评价的等级和范围;授权国家环境保护总局据此制定具体办法。

3. 实施《建设项目环境影响评价资格证书管理办法》阶段

依据国务院《建设项目环境保护管理条例》的规定和授权,国家环境保护总局于1999年3月发布了《建设项目环境影响评价资格证书管理办法》,对当时的环境影响评价单位进行整顿,取消了一些不符合条件的评价单位的评价资质。根据国务院领导要求评价单位"少而精"的精神,国家环境保护总局按照分级原则和专业特长,重新核发了评价证书,并予以公布。为了满足工作需要,在乙级证书中增设了环境影响报告表一类。由于按建设项目类别划分了工作范围,更有利于发挥评价单位特长,使环境影响评价的质量更有保证。此后,按照《建设项目环境影响评价资格证书管理办法》的规定,国家环境保护总局于2001年和2004年分别开展了两次全国范围内的评价单位定期考核,并在此期间加大了对各单位日常工作的监督力度,查处了几批工作质量差、有违规行为的单位,进一步规范了行业秩序和从业行为。

同时,在评价人员岗位培训工作的基础上,为了强化环评工作的责任,进一步推动环境影响评价队伍的专业化建设,国家环境保护总局会同人事部于2004年2月发布了《环境影响评价工程师职业资格制度暂行规定》,提出了从事环境影响评价服务的机构必须配备环境影响评价工程师的要求。至此,建设项目环境影响评价资格证书管理和建设项目环境影响评价人员资质管理都迈上了新台阶。

4. 实施《建设项目环境影响评价资格管理办法》阶段

2005年，为进一步规范评价机构管理，原国家环保总局在对原有评价机构资质管理办法的基础上，细化相关规定和要求，出台了《建设项目环境影响评价资质管理办法》。

2015年，结合国家对环评机构改制的工作情况，环境保护部调整了对环评机构的管理要求，修订发布了《建设项目环境影响评价资质管理办法》，进一步加强和细化了对环境影响评价资质的管理要求。

二、我国现行建设项目环境影响评价资质管理制度的特点

根据我国现行有关法律、法规和环境影响评价资质管理办法，其环境影响评价资质管理制度特点包括以下几个方面。

1. 分为甲级、乙级两类资格

取得甲级评价资质的评价机构，可以在资质证书规定的评价范围之内，承担各级环境保护行政主管部门负责审批的建设项目环境影响报告书和环境影响报告表的编制工作。取得乙级评价资质的评价机构，可以在资质证书规定的评价范围之内，承担省级以下环境保护行政主管部门负责审批的环境影响报告书或环境影响报告表的编制工作。

2. 国家对环境影响评价资质实行统一管理

国务院环境保护主管部门负责统一核发环境影响评价机构的资质证书，并制定资质管理办法。

《建设项目环境保护管理条例》第十三条规定：

国家对从事建设项目环境影响评价工作的单位实行资格审查制度。

从事建设项目环境影响评价工作的单位，必须取得国务院环境

保护行政主管部门颁发的资格证书,按照资格证书规定的等级和范围,从事建设项目环境影响评价工作,并对评价结论负责。

国务院环境保护行政主管部门对已经颁发资格证书的从事环境影响评价工作的单位名单,应当定期予以公布。具体办法由国务院环境保护行政主管部门制定。

3. 实行环境影响评价机构考核制度

《建设项目环境影响评价资质管理办法》第三十一条规定:

环境保护部组织对环评机构的抽查。省级环境保护主管部门组织对住所在本行政区域内的环评机构的年度检查。

环境保护主管部门组织的抽查和年度检查,应当对环评机构的资质条件和环境影响评价工作情况进行全面检查。

4. 评价资质证书规定行业范围

《建设项目环境影响评价资质管理办法》第三条规定:

资质等级分为甲级和乙级。评价范围包括环境影响报告书的十一个类别和环境影响报告表的二个类别(具体类别见附件),其中环境影响报告书类别分设甲、乙两个等级。

资质等级为甲级的环评机构(以下简称甲级机构),其评价范围应当至少包含一个环境影响报告书甲级类别;资质等级为乙级的环评机构(以下简称乙级机构),其评价范围只包含环境影响报告书乙级类别和环境影响报告表类别。

应当由具有相应环境影响报告书甲级类别评价范围的环评机构主持编制环境影响报告书的建设项目目录,由环境保护部另行制定。

5. 评价机构资质与专业人员资格相结合

根据《建设项目环境影响评价资质管理办法》的规定,申请环境影响评价机构资质除了需要具备相应的法人条件、业务能力以外,还必须配备相应数量的环境影响评价专业人员,这些人员应当具备环境影响评价工程师资格。

第二节
建设项目环境影响评价资质管理的法律法规规定

环境影响评价机构申请资质后，获得环境影响评价资质证书。该证书记载环评机构的名称、资质等级、评价范围、证书编号、有效期，以及环评机构的住所、法定代表人等信息。

一、建设项目环境影响评价资质的分类与分级

1. 评价等级

分为甲、乙两个等级。均可编制环境影响报告书和报告表，但在乙级评价资质中，有一类仅以编制环境影响报告表为评价范围的乙级资质。资质证书在全国范围内使用，有效期为 4 年。

2. 评价范围

环境影响报告书的 11 个小类和环境影响报告表的 2 个小类。建设项目环境影响评价资质的评价范围具体划分如表 4-1 所示。

表 4-1　建设项目环境影响评价资质的评价范围划分

项目	环境影响报告书			环境影响报告表
评价范围	1. 轻工纺织化纤 4. 建材火电 7. 交通运输 10. 输变电及广电通信	2. 化工石化医药 5. 农林水利 8. 社会服务	3. 冶金机电 6. 采掘 9. 海洋工程 11. 核工业	1. 一般项目环境影响报告表 2. 核与辐射项目环境影响报告表

其中，一般项目环境影响报告表，是指除输变电及广电通信、核工业类别以外项目的环境影响报告表。取得环境影响报告书评价范围的 11 个小类中的任何一类，都可编制此类别的建设项目环境影响报告书及一般项目环境影响报告表。取得环境影响报告书评价范围中的输变电及广电通信或核工业类别的，可编制核与辐射项目

的环境影响报告表。

二、环境影响机构的法律责任及有关处罚规定

根据《中华人民共和国环境影响评价法》的规定，接受委托为建设项目环境影响评价提供技术服务的机构在环境影响评价工作中不负责任或者弄虚作假，致使环境影响评价文件失实的，由授予环境影响评价资质的环境保护行政主管部门降低其资质等级或者吊销其资质证书，并处所收费用一倍以上三倍以下的罚款；构成犯罪的，依法追究刑事责任。

三、环境影响评价机构的资质条件、申请与审查

作为环境影响评价机构，其基本的条件包括如下内容。

第一，为依法经登记的企业法人或者核工业、航空和航天行业的事业单位法人。其中，以下几种机构不得申请资质：一是由负责审批或者核准环境影响报告书（表）的主管部门设立的事业单位出资的企业法人；二是由负责审批或者核准环境影响报告书（表）的主管部门作为业务主管单位或者挂靠单位的社会组织出资的企业法人；三是受负责审批或者核准环境影响报告书（表）的主管部门委托，开展环境影响报告书（表）技术评估的企业法人；四是前三项中的企业法人出资的企业法人。

第二，有固定的工作场所，具备环境影响评价工作质量保证体系，建立并实施环境影响评价业务承接、质量控制、档案管理、资质证书管理等制度。

1. 不同资质等级评价机构需具备的相应条件

（1）甲级评价机构应具备的条件

近四年连续具备资质且主持编制过至少八项主管部门审批或者核准的环境影响报告书。

① 至少配备十五名环境影响评价工程师。

② 评价范围中的每个环境影响报告书甲级类别至少配备六名

相应专业类别的环境影响评价工程师,其中至少三人主持编制过主管部门近四年内审批或者核准的相应类别环境影响报告书各两项。核工业环境影响报告书甲级类别配备的相应类别环境影响评价工程师中还应当至少三人为注册核安全工程师。

③ 评价范围中的环境影响报告书乙级类别以及核与辐射项目环境影响报告表类别配备的环境影响评价工程师条件应当符合本办法第十条第(二)项的规定。

④ 近四年内至少完成过一项环境保护相关科研课题,或者至少编制过一项国家或地方环境保护标准。

(2) 乙级评价机构应具备的条件

① 至少配备九名环境影响评价工程师。

② 评价范围中的每个环境影响报告书乙级类别至少配备四名相应专业类别的环境影响评价工程师,其中至少二人主持编制过主管部门近四年内审批或者核准的环境影响报告书(表)各四项。核工业环境影响报告书乙级类别配备的相应类别环境影响评价工程师中还应当至少一人为注册核安全工程师。核与辐射项目环境影响报告表类别应当至少配备一名相应专业类别的环境影响评价工程师。

此外,乙级机构在资质证书有效期内应当主持编制至少八项主管部门审批或者核准的环境影响报告书(表)。

2. 资质的申请

资质的申请包括首次申请、变更、资质延续以及评价范围调整、资质等级晋级。

① 首次申请 原来不具备环境影响评价资质的事业单位或企业在具备环境影响评价工作能力且达到相关的评价机构条件后,按规定和程序申请评价资质。

② 变更 原有环境影响评价机构由于企业名称、法人代表等的注册信息变更,导致其经营行为中的法律责任主体也相应发生变更的,需按规定和程序申请办理环境影响评价资质的更名。这类申请需要提交有关报告简要说明机构名称的变更,需提交变更原因、

变更后的法人资格证明。属于企业相关更名的，需提交企业法人的企业章程复印件及工商管理部门的变更通知书或事业单位管理机关批准的更名文件。

③ 资质延续　环境影响评价资质自批准后均具有一定的有效期限，评价机构在本次批准的有效期满以后继续从事环境影响评价工作的，需在规定的期限内按规定和程序办理资质的延续。根据资质管理规定，环评机构的评价资质有效期为4年，到期需申请资质延续。申请资质延续需提交环境影响评价专职技术人员劳动关系证明及相关单位和个人业绩证明等材料。

④ 评价范围调整（如评价范围的增加和缩减）　具有环境影响评价资质的事业单位或企业，出于某种原因（如环境影响评价专业技术人员数量、环境影响评价工程师登记情况或机构评价工作能力等的变化）需要增加或缩减原有评价范围，按规定和程序申请评价范围的调整。这类申请一般需提交申请评价范围相关的环境影响评价专职技术人员劳动关系证明复印件及相关个人业绩说明。

⑤ 资质等级晋级　原有环境影响评价机构在符合有关基础条件、工作能力、评价业绩等要求后，按规定和程序申请评价资质晋级。资质等级晋级，需提交相关单位和个人业绩证明。

四、环境影响评价机构的管理、考核与监督

1. 评价资质的管理

（1）评价机构的责任与义务

环评机构应当坚持公正、科学、诚信的原则，遵守职业道德，执行国家法律、法规及有关管理要求，确保环境影响报告书（表）内容真实、客观、全面和规范。

环评机构应当积极履行社会责任和普遍服务的义务，不得无正当理由拒绝承担公益性建设项目环境影响评价工作。

（2）环评文件的主持编制

环境影响报告书（表）应当由一个环评机构主持编制，并由该

机构中相应专业类别的环境影响评价工程师作为编制主持人。环境影响报告书的各章节和环境影响报告表的主要内容应当由主持编制机构中的环境影响评价工程师作为主要编制人员。

主持编制机构对环境影响报告书（表）编制质量和环境影响评价结论负责，环境影响报告书（表）编制主持人和主要编制人员承担相应责任。

（3）环评文件编制签章

① 环境影响报告书（表）中应当附编制人员名单表，列出编制主持人和主要编制人员的姓名及其环境影响评价工程师职业资格证书编号、专业类别和登记编号以及注册核安全工程师执业资格证书编号和注册证编号。

② 环评文件编制主持人和主要编制人员应当在名单表中签字并对相关内容负责。

③ 环境影响报告书（表）应当附主持编制的环评机构资质证书正本缩印件。缩印件页上应当注明建设项目名称等内容，并加盖主持编制机构印章和法定代表人名章。

（4）评价机构变更及资质换领

环评机构出资人、环境影响评价工程师等基本情况发生变化的，应当在发生变化后60个工作日内向环境保护部备案。

环评机构领取新的资质证书后，需将原资质证书交回国家环境保护行政主管部门。

环评机构遗失资质证书的，应当书面申请补发，并在公共媒体上刊登遗失声明。

（5）评价机构的档案管理

根据资质管理办法，环评机构应当建立其主持编制的环境影响报告书（表）完整档案。

环评档案中至少应当包括以下文件和材料。

① 环境影响报告书（表）。

② 编制委托合同。

③ 审批或者核准批复文件。

④ 相关的环境质量现状监测报告原件。

⑤ 公众参与材料等。

2. 评价资质的考核与监督

(1) 监督与检查的形式

环境保护部对环评机构的监督主要为抽查、年度检查等方式，以及在环境影响报告书（表）受理和审批过程中对环评机构进行资质审查。环境保护部组织对环评机构的抽查；省级环境保护主管部门组织对住所在本行政区域内的环评机构的年度检查。

环境保护部定期或不定期开展环评资质抽查，主要目的是对环评机构的资质条件和环境影响评价工作情况进行全面检查。

在监督检查的过程中，环保部门可以查阅或者要求环评机构报送有关情况和材料，环评机构应当按要求如实提供。

(2) 监督与检查的内容

环境保护主管部门在环评文件受理和审批过程中，对环评文件编制质量、主持编制机构的资质以及编制人员等情况进行审查。

环境保护主管部门按规定建立环评机构及其环境影响评价工程师诚信档案。

环境保护部在国家环境影响评价基础数据库中建立环评机构工作质量监督管理数据信息系统，采集环境影响报告书（表）内容、编制机构、编制人员、编制时间、审批情况等信息，实现对环评机构及其环境影响评价工程师工作质量的动态监控。

任何单位和个人有权向环境保护主管部门举报环评机构及其环境影响评价工程师违反本办法规定的行为。接受举报的环境保护主管部门应当及时调查，并依法作出处理决定。

五、环境影响评价的收费管理规定

建设项目环境影响评价咨询属于中介服务，其收费应当遵循公开、平等、自愿、有偿的原则。

《建设项目环境影响评价资质管理办法》第二十六条规定：

评价机构在环境影响评价工作中,应当执行国家规定的收费标准。

2002年1月原国家计委、原国家环境保护总局联合发布《关于规范环境影响咨询收费的有关问题的通知》,是现行建设项目环境影响评价收费的依据。建设项目环境影响评价收费主要有两种方式,一是以建设项目的估算投资额为计费基础,并根据建设项目的性质和内容,采取按估算投资额分档方式计费,具体计费方式如下。

编制费用＝收费标准(见表4-2)×行业调整系数(见表4-3)×敏感系数(见表4-4)

表4-2　建设项目环境影响评价收费标准　　单位：万元

估算投资额	3000万元以下	3000万～2亿元	2亿～10亿元	10亿～50亿元	50亿～100亿元	100亿元以上
编制环境影响报告(含大纲)	5～6	6～15	13～35	35～75	75～110	110
编制环境影响报告表	1～2	2～4	4～7	7以上		
评估环境影响报告书(含大纲)	0.8～1.5	1.5～3	3～7	7～9		
评估环境影响报告表	0.5～0.8	0.8～1.5	1.5～2	2以上		

注：1. 表中数字下限为不含,上限为包含。2. 估算投资额为项目建议书可行性研究报告中的估算投资额。3. 咨询服务项目收费标准根据估算投资额在对应区间内用插入法计算。4. 以本表收费标准为基础,按建设项目行业特点和所在区域的环境敏感程度,乘以调整系数,确定咨询服务收费基准价。(调整系数见表4-3和表4-4)。5. 评估环境影响报告书(含大纲)的费用不含专家参加审查会议的差旅费;环境影响评价大纲的技术评估费用占环境影响报告书评估费用的40%。6. 本表所列编制环境影响报告表收费标准为不设评价专题的基准价,每增加一个专题加收50%。7. 本表中费用不包括遥感、遥测、风洞试验、污染气象观测、示踪试验、地探、卫星图片解读,需要动用船、飞机等的特殊监测等费用。

表 4-3　环境影响评价大纲、报告书编制收费行业调整系数

行业	调整系数
化工、冶金、有色、黄金、煤炭、矿产、纺织、化纤、轻工、医药、区域	1.2
石化、石油天然气、水利、水电、旅游	1.1
林业、畜牧、渔业、农业、交通、铁道、民航、管线运输、建材、市政、烟草、兵器	1.0
邮电、广播电视、航空、机械、船舶、航天、电子、勘探、社会服务、火电	0.9
粮食、建筑、信息产业、仓储	0.8

表 4-4　环境影响评价大纲、报告书编制收费环境敏感程度调整系数

环境敏感程度	调整系数
敏感	1.2
一般	0.8

二是对于不便采取估算投资额计费方式的，采取按咨询服务工作日计费。这种收费方式是根据环境影响评价工作专业技术人员的层次不同进行核算的，核算标准见表 4-5。

表 4-5　按咨询服务人员工日计算建设项目环境影响咨询收费标准

咨询人员职级	人工收费标准/元
高级咨询专家	1000～1200
高级专业技术人员	800～1000
一般专业技术人员	600～800

第三节　环境影响评价从业人员资格管理

为保证环境影响评价工作质量，国家规定环境影响评价工作人员需持证上岗。目前，环境影响评价专业技术人员资格分为环境影响评价岗位证书持证人员与环境影响评价工程师职业资格人员两类。

一、环境影响评价岗位资格管理规定

为进一步提高环境影响评价专业技术人员素质,加强环境影响评价技术人员管理,保证环境影响评价工作质量,促进环境影响评价队伍发展,2009年4月13日国家环境保护部发布了《关于印发〈建设项目环境影响评价岗位证书管理办法〉的通知》,规定从2009年6月1日起实行建设项目环境影响评价岗位证书管理办法。

1. 岗位证书规定

该办法所称建设项目环境影响评价岗位证书是指参加环境保护部组织的建设项目环境影响评价岗位基础知识考试,考试合格后取得的由环境保护部统一颁发的证书。

岗位证书持有人员具备从事建设项目环境影响评价工作的基本技能,其所在单位已取得环境影响评价资质或申请环境影响评价资质的,可作为该机构环境影响评价专职技术人员。

取得大专以上学历,从事环境影响评价及相关工作的人员均可自愿参加考试。环境保护部定期在其官方网站和相关技术网站发布考试计划,说明考试时间和考试形式。

环境保护部在考试结束后组织评卷,在政府网站和中国环境影响评价网发布考试成绩,并自考试成绩发布之日起30日内,向考试合格人员颁发岗位证书。

2. 持证人员管理与监督

该办法规定,岗位证书持有人员在进行环境影响评价工作时,必须遵守国家法律、法规和环境影响评价管理的各项规定,坚持科学、客观、公正的原则,恪守职业道德。

岗位证书持有人员所在单位为环境影响评价机构的,可在本单位资质证书规定的评价范围内主持编制建设项目环境影响报告书的章节和环境影响报告表的专题,并在环境影响报告书和环境影响报告表中的编制人员名单表中签字,承担相应责任。

各级环境保护行政主管部门应当结合环境影响评价文件审批对

在本辖区内开展环境影响评价工作的岗位证书持有人员的环境影响评价工作质量、岗位证书使用情况等进行日常考核。

二、环境影响评价工程师职业资格制度

为了加强对环境影响评价专业技术人员的管理，规范环境影响评价行为，提高环境影响评价专业技术人员素质和业务水平，维护国家环境安全和公众利益，依据《中华人民共和国环境影响评价法》《建设项目环境保护管理条例》及国家职业资格证书制度的有关规定，原人事部、原国家环境保护总局于 2004 年 2 月 16 日联合发布了《关于印发〈环境影响评价工程师资格制度暂行规定〉、〈环境影响评价工程师资格考试办法〉和〈环境影响评价工程师资格考核认定办法〉的通知》（国人发部［2004］13 号），规定从 2004 年 4 月 1 日起在全国实施环境影响评价工程师制度。

1. 考试

① 环境影响评价工程师职业资格实行全国统一大纲、统一命题、统一组织的考试制度。原则上每年举行 1 次。

② 环境保护总局组织成立"环境影响评价工程师职业资格考试专家委员会"。环境影响评价工程师职业资格考试专家委员会负责拟定考试科目、编写考试大纲、组织命题、研究建立考试题库等工作。环境保护总局组织专家对考试科目、考试大纲、考试试题进行初审，统筹规划培训工作。

培训工作按照培训与考试分开、自愿参加的原则进行。

③ 人事部组织专家审定考试科目、考试大纲和试题，会同环境保护总局对考试进行监督、检查、指导和确定考试合格标准。

④ 凡遵守国家法律、法规，恪守职业道德，并具备以下条件之一者，可申请参加环境影响评价工程师职业资格考试。

a. 取得环境保护相关专业大专学历，从事环境影响评价工作满 7 年；或取得其他专业大专学历，从事环境影响评价工作满 8 年。

b. 取得环境保护相关专业学士学位,从事环境影响评价工作满5年;或取得其他专业学士学位,从事环境影响评价工作满6年。

c. 取得环境保护相关专业硕士学位,从事环境影响评价工作满2年;或取得其他专业硕士学位,从事环境影响评价工作满3年。

d. 取得环境保护相关专业博士学位,从事环境影响评价工作满1年;或取得其他专业博士学位,从事环境影响评价工作满2年。

e. 环境影响评价工程师职业资格考试合格,颁发人事部统一印制,人事部和环境保护总局共同用印的《中华人民共和国环境影响评价工程师职业资格证书》。

2. 登记

① 环境影响评价工程师职业资格实行定期登记制度。登记有效期为3年,有效期满前应按有关规定办理再次登记。

② 环境保护总局或其委托机构为环境影响评价工程师职业资格登记管理机构。人事部对环境影响评价工程师职业资格的登记和从事环境影响评价业务情况进行检查、监督。

③ 办理登记的人员应具备的条件

a. 取得《中华人民共和国环境影响评价工程师职业资格证书》;

b. 职业行为良好,无犯罪记录;

c. 身体健康,能坚持在本专业岗位工作;

d. 所在单位考核合格。

再次登记者,还应提供相应专业类别的继续教育或参加业务培训的证明。

④ 环境影响评价工程师职业资格登记管理机构应定期向社会公布经登记人员的情况。

三、环境影响评价从业人员的继续教育

环境影响评价工程师继续教育的主要任务是更新和补充专业知

识，不断完善知识结构，拓展和提高业务能力。继续教育工作应坚持理论联系实际、讲求实效的原则，以环境影响评价相关领域的最新要求和发展动态为主要内容，采取多种形式进行。环境影响评价工程师在其职业资格登记期内接受继续教育的时间应累计不少于48小时。

下列形式和学时计算方法作为环境影响评价工程师接受继续教育学时累计的依据。

① 参加登记管理办公室举办的环境影响评价工程师继续教育培训班，并取得培训合格证明的，接受继续教育学时按实际培训时间计算。

② 参加登记管理办公室认可的其他培训班，并取得培训合格证明的，接受继续教育学时按实际培训时间计算。

③ 承担第①项中环境影响评价工程师继续教育培训授课任务的，接受继续教育学时按实际授课学时两倍计算。

④ 参加环境影响评价工程师资格考试命题或审题工作的，相当于接受继续教育48学时。

⑤ 在正式出版社出版过有统一书号（ISBN）的环境影响评价相关专业著作，本人独立撰写章节在5万字以上的，相当于接受继续教育48学时。

⑥ 在有国内统一刊号（CN）的期刊或在有国际统一书号（ISSN）的国外期刊上，作为第一作者发表过环境影响评价相关论文1篇（不少于2000字）的，相当于接受继续教育16学时。

环境影响评价工程师申请职业资格再次登记时，应提交在登记期内接受继续教育的证明。环境影响评价工程师接受继续教育时间未达到规定要求的，登记管理办公室不予办理再次登记。

四、环境影响评价人员的职业道德规范

为规范环境影响评价从业人员职业行为，提高从业人员职业道德水准，促进行业健康有序发展，2010年6月，环境保护部制定

了《环境影响评价从业人员职业道德规范（试行）》。该规范所称从业人员是指在承担环境影响评价、技术评估、"三同时"环境监理、竣工环境保护验收监测或调查工作的单位从事相关工作的人员，包括环境影响评价工程师、建设项目环境影响评价岗位证书持有人员、技术评估人员、接受评估机构聘请从事评审工作的专家、验收监测人员、验收调查人员以及其他相关人员等。规范的主要内容如下。

环境影响评价从业人员应当自觉践行社会主义核心价值体系，遵循职业操守，规范日常行为，坚持做到依法遵规、公正诚信、忠于职守、服务社会、廉洁自律。

1. 依法遵规

① 自觉遵守法律法规，拥护党和国家制定的路线方针政策。

② 遵守环保行政主管部门的相关规章和规范性文件，自觉接受管理部门、社会各界和人民群众的监督。

2. 公正诚信

① 不弄虚作假，不歪曲事实，不隐瞒真实情况，不编造数据信息，不给出有歧义或误导性的工作结论。积极阻止对其所做工作或由其指导完成工作的歪曲和误用。

② 如实向建设单位介绍环评相关政策要求。对建设项目存在违反国家产业政策或者环境保护准入规定等情形的，要及时通告。

③ 不出借、出租个人有关资格证书、岗位证书，不以个人名义私自承接有关业务，不在本人未参与编制的有关技术文件中署名。

④ 为建设单位和所在单位保守技术和商业秘密，不得利用工作中知悉的信息谋取不正当利益。

3. 忠于职守

① 在维护社会公众合法环境权益的前提下，严格依照有关技术规范和规定开展从业活动。

② 具备必要的专业知识与技能，不提供本人不能胜任的服务。

从事环评文件编制的专业技术人员必须遵守相应的资质要求。

③ 技术评估、验收监测、验收调查人员、评审专家与建设单位、环评机构或有关人员存在直接利害关系的，应当在相关工作中予以回避。

4. 服务社会

① 在任何时候都必须把保护自然环境、人类健康安全置于所有地区、企业和个人利益之上，追求环境效益、社会效益、经济效益的和谐统一。

② 加强学习，积极参加相关专业培训教育和学术活动，不断提高工作水平和业务技能。

③ 秉持勤奋的工作态度，严谨认真，提供高质量、高效率的服务。

5. 廉洁自律

① 不接受项目建设单位赠送的礼品、礼金和有价证券，不向环保行政主管部门管理人员赠送礼品、礼金和有价证券，也不邀请其参加可能影响公正执行公务的旅游、健身、娱乐等活动。

② 自觉维护所在单位及个人的职业形象，不从事有不良社会影响的活动。

③ 加强同业人员间的交流与合作，形成良性竞争格局，尊重同行，不诋毁、贬低同行业其他单位及其从业人员。

→ 思考与练习

1. 建设项目环境影响评价等级与范围是如何划分的？
2. 乙级评价机构应具备哪些条件？
3. 报名参加环境保护部组织的建设项目环境影响评价岗位基础知识考试须提交哪些材料？
4. 申请参加环境影响评价工程师职业资格考试须具备哪些条件？

第五章 环境与产业政策

第一节 环境政策

　　环境政策，即政府为解决一定历史时期的环境问题，落实环境保护战略，达到预定的环境目标而制定的行动指导原则。环境政策是一个国家保护环境的大政方针，直接关系到这个国家的环境立法和环境管理，也直接关系到这个国家的环境整体状况。

　　我国的环境政策由国务院制定并公布或由国务院有关主管部门，省、自治区、直辖市负责制定，经国务院批准发布的环境保护规范性文件（包括决定、办法、批复）均归属于环境政策类。环境政策是推动和指导经济与环境可持续发展的重要依据和措施，在环境影响评价工作中必须认真贯彻执行。以下仅就几个环境影响评价中常用的主要环境政策做简要介绍。

一、国务院关于落实科学发展观加强环境保护的决定

　　为全面落实科学发展观，加快构建社会主义和谐社会，实现全面建设小康社会的奋斗目标，国务院于 2005 年 12 月 3 日颁布了《国务院关于落实科学发展观加强环境保护的决定》（国发 [2005] 39 号）。该决定包括充分认识做好环境保护工作的意义、用科学发展观统领环境保护工作、经济社会发展必须与环境保护相协调、切

实解决突出的环境问题、建立和完善环境保护的长效机制、加强对环境保护工作的领导六部分。其主要内容如下。

1. 用科学发展观统领环境保护工作

以邓小平理论和"三个代表"重要思想为指导,认真贯彻党的十六届五中全会精神,按照全面落实科学发展观、构建社会主义和谐社会的要求,坚持环境保护基本国策,在发展中解决环境问题。积极推进经济结构调整和经济增长方式的根本性转变,切实改变"先污染后治理、边治理边破坏"的状况,依靠科技进步,发展循环经济,倡导生态文明,强化环境法治,完善监管体制,建立长效机制,建设资源节约型和环境友好型社会,努力让人民群众喝上干净的水、呼吸清洁的空气、吃上放心的食物,在良好的环境中生产生活。以此为指导,用科学发展观统领环境保护工作的基本原则如下。

(1) 协调发展,互惠共赢

正确处理环境保护与经济发展和社会进步的关系,在发展中落实保护,在保护中促进发展,坚持节约发展、安全发展、清洁发展,实现可持续的科学发展。

(2) 强化法治,综合治理

坚持依法行政,不断完善环境法律法规,严格环境执法;坚持环境保护与发展综合决策,科学规划,突出以预防为主的方针,从源头防治污染和生态破坏,综合运用法律、经济、技术和必要的行政手段解决环境问题。

(3) 不欠新账,多还旧账

严格控制污染物排放总量;所有新建、扩建和改建项目必须符合环保要求,努力实现增产减污;积极解决历史遗留的环境问题。

(4) 依靠科技,创新机制

大力发展环境科学技术,以技术创新促进环境问题的解决;建立政府、企业、社会多元化投入机制和部分污染治理设施市场化运营机制,完善环保制度,健全统一、协调、高效的环境监管体制。

(5) 分类指导，突出重点

因地制宜，分区规划，统筹城乡发展，分阶段解决制约经济发展和群众反映强烈的环境问题，改善重点流域、区域、海域、城市的环境质量。

2. 经济社会发展必须与环境保护相协调

(1) 促进地区经济与环境协调发展

各地区要根据资源禀赋、环境容量、生态状况、人口数量以及国家发展规划和产业政策，明确不同区域的功能定位和发展方向，将区域经济规划和环境保护目标有机结合起来。在环境容量有限、自然资源供给不足而经济相对发达的地区实行优化开发，坚持环境优先，大力发展高新技术，优化产业结构，加快产业和产品的升级换代，同时率先完成排污总量削减任务，做到增产减污。在环境仍有一定容量、资源较为丰富、发展潜力较大的地区实行重点开发，加快基础设施建设，科学合理利用环境承载能力，推进工业化和城镇化，同时严格控制污染物排放总量，做到增产不增污。在生态环境脆弱地区和重要生态功能保护区实行限制开发，在坚持保护优先的前提下，合理选择发展方向，发展特色优势产业，确保生态功能的恢复与保育，逐步恢复生态平衡。在自然保护区和具有特殊保护价值的地区实行禁止开发，依法实施保护，严禁不符合规定的任何开发活动。要认真做好生态功能区划工作，确定不同地区的主导功能，形成各具特色的发展格局。必须依照国家规定对各类开发建设规划进行环境影响评价，对环境有重大影响的决策应当进行环境影响论证。

(2) 大力发展循环经济

各地区、各部门要把发展循环经济作为编制各项发展规划的重要指导原则，制订和实施循环经济推进计划，加快制定促进发展循环经济的政策、相关标准和评价体系，加强技术开发和创新体系建设。要遵循"减量化、再利用、资源化"的原则，根据生态环境的要求，进行产品和工业区的设计与改造，促进循环经济的发展。在生产环节,要严格排放强度准入,鼓励节能降耗,实行清洁生产并依法强制审核;在废物产生环节,要强化污染预防和全过程控制,实行生产者责任延伸,合理延长产业链,强化对各类废物的循环利用;在消费环节,要大力倡导环境友好的消费方式,实行环境标识、环境认证和政府绿色采购制度,完善再生资源回收利用体系。大力推行建筑节能,发展绿色建筑。推进污水再生利用和垃圾处理与资源化回收,建设节水型城市。推动生态省(市、县)、环境保护模范城市、环境友好企业和绿色社区、绿色学校等创建活动。

(3) 积极发展环保产业

要加快环保产业的国产化、标准化、现代化产业体系建设。加强政策扶持和市场监管,按照市场经济规律,打破地方和行业保护,促进公平竞争,鼓励社会资本参与环保产业的发展。重点发展具有自主知识产权的重要环保技术装备和基础装备,在立足自主研发的基础上,通过引进消化吸收,努力掌握环保核心技术和关键技术。大力提高环保装备制造企业的自主创新能力,推进重大环保技术装备的自主制造。培育一批拥有著名品牌、核心技术能力强、市场占有率高、能够提供较多就业机会的优势环保企业,加快发展环保服务业,推进环境咨询市场化,充分发挥行业协会等中介组织的作用。

3. 切实解决突出的环境问题

(1) 以饮水安全和主要流域治理为重点,加强水污染防治

要科学划定和调整饮用水水源保护区,切实加强饮用水水源保护,建设好城市备用水源,解决好农村饮水安全问题。坚决取缔水源保护区内的直接排污口,严防养殖业污染水源,禁止有毒有害物质进入饮用水水源保护区,强化水污染事故的预防和应急处理,确保群众饮水安全。把淮河、海河、辽河、松花江、三峡水库库区及上游,黄河小浪底水库库区及上游,南水北调水源地及沿线,太湖、滇池、巢湖作为流域水污染治理的重点;把渤海等重点海域和河口地区作为海洋环境保护工作的重点。严禁直接向江河湖海排放

超标的工业污水。

(2) 以强化污染防治为重点,加强城市环境保护

要加强城市基础设施建设,到 2010 年,全国设市城市污水处理率不低于 70%,生活垃圾无害化处理率不低于 60%;着力解决颗粒物、噪声和餐饮业污染,鼓励发展节能环保型汽车。另外,对污染企业搬迁后的原址进行土壤风险评估和修复。城市建设应注重自然和生态条件,尽可能保留天然林草、河湖水系、滩涂湿地、自然地貌及野生动物等自然遗产,努力维护城市生态平衡。

(3) 以降低二氧化硫排放总量为重点,推进大气污染防治

加快原煤洗选步伐,降低商品煤含硫量。加强燃煤电厂二氧化硫治理,新(扩)建燃煤电厂除燃用特低硫煤的坑口电厂外,必须同步建设脱硫设施或者采取其他降低二氧化硫排放量的措施。在大中城市及其近郊,严格控制新(扩)建除热电联产外的燃煤电厂,禁止新(扩)建钢铁、冶炼等高耗能企业。2004 年年底前投运的二氧化硫排放超标的燃煤电厂,应在 2010 年底前安装脱硫设施;要根据环境状况,确定不同区域的脱硫目标,制定并实施酸雨和二氧化硫污染防治规划。对投产 20 年以上或装机容量 10 万千瓦以下的电厂,限期改造或者关停。制定燃煤电厂氮氧化物治理规划,开展试点示范。加大烟尘、粉尘治理力度;采取节能措施,提高能源利用效率;大力发展风能、太阳能、地热、生物质能等新能源,积极发展核电,有序开发水能,提高清洁能源比重,减少大气污染物排放。

(4) 以防治土壤污染为重点,加强农村环境保护

结合社会主义新农村建设,实施农村小康环保行动计划。开展全国土壤污染状况调查和超标耕地综合治理,污染严重且难以修复的耕地应依法调整;合理使用农药、化肥,防治农用薄膜对耕地的污染;积极发展节水农业与生态农业,加大规模化养殖业污染治理力度。推进农村改水、改厕工作,搞好作物秸秆等资源化利用,积极发展农村沼气,妥善处理生活垃圾和污水,解决农村环境"脏、乱、差"问题,创建环境优美乡镇、文明生态村。发展县域经济要

选择适合本地区资源优势和环境容量的特色产业，防止污染向农村转移。

(5) 以促进人与自然和谐为重点，强化生态保护

坚持生态保护与治理并重，重点控制不合理的资源开发活动。优先保护天然植被，坚持因地制宜，重视自然恢复；继续实施天然林保护、天然草原植被恢复、退耕还林、退牧还草、退田还湖、防沙治沙、水土保持和防治石漠化等生态治理工程；严格控制土地退化和草原沙化。经济社会发展要与水资源条件相适应，统筹生活、生产和生态用水，建设节水型社会；发展适应抗灾要求的避灾经济；水资源开发利用活动，要充分考虑生态用水。加强生态功能保护区和自然保护区的建设与管理；加强矿产资源和旅游开发的环境监管。做好红树林、滨海湿地、珊瑚礁、海岛等海洋、海岸带典型生态系统的保护工作。

(6) 以核设施和放射源监管为重点，确保核与辐射环境安全

全面加强核安全与辐射环境管理，国家对核设施的环境保护实行统一监管。核电发展的规划和建设要充分考虑核安全、环境安全和废物处理处置等问题；加强在建和在役核设施的安全监管，加快核设施退役和放射性废物处理处置的步伐；加强电磁辐射和伴生放射性矿产资源开发的环境监督管理；健全放射源安全监管体系。

(7) 以实施国家环保工程为重点，推动解决当前突出的环境问题

国家环保重点工程是解决环境问题的重要举措，从"十一五"开始，要将国家重点环保工程纳入国民经济和社会发展规划及有关专项规划，认真组织落实。国家重点环保工程包括：危险废物处置工程、城市污水处理工程、垃圾无害化处理工程、燃煤电厂脱硫工程、重要生态功能保护区和自然保护区建设工程、农村小康环保行动工程、核与辐射环境安全工程、环境管理能力建设工程。

4. 加强环境监管制度的有关规定与要求

① 要实施污染物总量控制制度，将总量控制指标逐级分解到

地方各级人民政府并落实到排污单位。

② 推行排污许可证制度，禁止无证或超总量排污。

③ 严格执行环境影响评价和"三同时"制度，对超过污染物总量控制指标、生态破坏严重或者尚未完成生态恢复任务的地区，暂停审批新增污染物排放总量和对生态有较大影响的建设项目；建设项目未履行环评审批程序即擅自开工建设或者擅自投产的，责令其停建或者停产，补办环评手续，并追究有关人员的责任。对生态治理工程实行充分论证和后评估。

④ 要结合经济结构调整，完善强制淘汰制度，根据国家产业政策，及时制定和调整强制淘汰污染严重的企业和落后的生产能力、工艺、设备与产品目录。

⑤ 强化限期治理制度，对不能稳定达标或超总量的排污单位实行限期治理。治理期间应予限产、限排，并不得建设增加污染物排放总量的项目；逾期未完成治理任务的，责令其停产整治。

⑥ 完善环境监察制度，强化现场执法检查。

⑦ 严格执行突发环境事件应急预案，地方各级人民政府要按照有关规定全面负责突发环境事件应急处置工作，环境保护总局及国务院相关部门根据情况给予协调支援。

⑧ 建立跨省界河流断面水质考核制度，省级人民政府应当确保出境水质达到考核目标。

⑨ 国家加强跨省界环境执法及污染纠纷的协调，上游省份排污对下游省份造成污染事故的，上游省级人民政府应当承担赔付补偿责任，并依法追究相关单位和人员的责任。赔付补偿的具体办法由环境保护总局会同有关部门拟定。

二、国务院关于加强环境保护重点工作的意见

多年来，我国积极实施可持续发展战略，将环境保护放在重要的战略位置，不断加大解决环境问题的力度，取得了明显的成效。但由于产业结构和布局仍不尽合理，污染防治水平仍然较低，环境

监管制度尚不完善等,环境保护形势依然十分严峻。为深入贯彻落实科学发展观,加快推动经济发展方式转变,提高生态文明建设水平,国务院于 2011 年 10 月 17 日印发了《国务院关于加强环境保护重点工作的意见》(国发〔2011〕35 号)。该意见包括全面提高环境保护监督管理水平、着力解决影响科学发展和损害群众健康的突出问题、改革创新环境保护体制机制三部分。其主要内容如下。

1. 全面提高环境保护监督管理水平

(1) 严格执行环境影响评价制度

凡依法应当进行环境影响评价的重点流域、区域开发和行业发展规划以及建设项目,必须严格履行环境影响评价程序,并把主要污染物排放总量控制指标作为新改扩建项目环境影响评价审批的前置条件。环境影响评价过程要公开透明,充分征求社会公众意见。建立健全规划环境影响评价和建设项目环境影响评价的联动机制,对环境影响评价文件未经批准即擅自开工建设、建设过程中擅自作出重大变更、未经环境保护验收即擅自投产等违法行为,要依法追究管理部门、相关企业和人员的责任。

(2) 继续加强主要污染物总量减排

完善减排统计、监测和考核体系,鼓励各地区实施特征污染物排放总量控制。对造纸、印染和化工行业实行化学需氧量和氨氮排放总量控制。加强污水处理设施、污泥处理处置设施、污水再生利用设施和垃圾渗滤液处理设施建设。对现有污水处理厂进行升级改造。完善城镇污水收集管网,推进雨、污分流改造。强化城镇污水、垃圾处理设施运行监管。对电力行业实行二氧化硫和氮氧化物排放总量控制,继续加强燃煤电厂脱硫,全面推行燃煤电厂脱硝,新建燃煤机组应同步建设脱硫脱硝设施。对钢铁行业实行二氧化硫排放总量控制,强化水泥、石化、煤化工等行业二氧化硫和氮氧化物治理。在大气污染联防联控重点区域开展煤炭消费总量控制试点,开展机动车船尾气氮氧化物治理,提高重点行业环境准入和排放标准。促进农业和农村污染减排,着力抓好规模化畜禽养殖污染防治。

(3) 强化环境执法监管

抓紧推动制定和修订相关法律法规,为环境保护提供更加完备、有效的法制保障。健全执法程序,规范执法行为,建立执法责任制。加强环境保护日常监管和执法检查。继续开展整治违法排污企业保障群众健康环保专项行动,对环境法律法规执行和环境问题整改情况进行后督察。建立建设项目全过程环境监管制度以及农村和生态环境监察制度。完善跨行政区域环境执法合作机制和部门联动执法机制。依法处置环境污染和生态破坏事件。执行流域、区域、行业限批和挂牌督办等督查制度。对未完成环保目标任务或发生重特大突发环境事件负有责任的地方政府领导进行约谈,落实整改措施。推行生产者责任延伸制度。深化企业环境监督员制度,实行资格化管理。建立健全环境保护举报制度,广泛实行信息公开,加强环境保护的社会监督。

(4) 有效防范环境风险和妥善处置突发环境事件

完善以预防为主的环境风险管理制度,实行环境应急分级、动态和全过程管理,依法科学妥善地处置突发环境事件。建设更加高效的环境风险管理和应急救援体系,提高环境应急监测处置能力。制定切实可行的环境应急预案,配备必要的应急救援物资和装备,加强环境应急管理、技术支撑和处置救援队伍建设,定期组织培训和演练。开展重点流域、区域环境与健康调查研究。全力做好污染事件应急处置工作,及时准确发布信息,减少人民群众生命财产损失和生态环境损害。健全责任追究制度,严格落实企业环境安全主体责任,强化地方政府环境安全监管责任。

2. 着力解决影响科学发展和损害群众健康的突出环境问题

(1) 切实加强重金属污染防治

对重点防控的重金属污染地区、行业和企业进行集中治理。合理调整涉重金属企业布局,严格落实卫生防护距离,坚决禁止在重点防控区域新改扩建增加重金属污染物排放总量的项目。加强重金属相关企业的环境监管,确保达标排放。对造成污染的重金属污企业，加大处罚力度，采取限期整治措施，仍然达不到要求的，依法关停取缔。规范废弃电器电子产品的回收处理活动，建设废旧物品回收体系和集中加工处理园区。积极妥善处理重金属污染历史遗留问题。

(2) 严格化学品环境管理

对化学品项目布局进行梳理评估，推动石油、化工等项目科学规划和合理布局。对化学品生产经营企业进行环境隐患排查，对海洋、江河湖泊沿岸化工企业进行综合整治，强化安全保障措施。把环境风险评估作为危险化学品项目评估的重要内容，提高化学品生产的环境准入条件和建设标准，科学确定并落实化学品建设项目环境安全防护距离。依法淘汰高毒、难降解、高环境危害的化学品，限制生产和使用高环境风险化学品。推行工业产品生态设计。健全化学品全过程环境管理制度。加强持久性有机污染物排放重点行业监督管理。建立化学品环境污染责任终身追究制和全过程行政问责制。

(3) 确保核与辐射安全

以运行核设施为监管重点，强化对新建、扩建核设施的安全审查和评估，推进老旧核设施退役和放射性废物治理。加强对核材料、放射性物品生产、运输、贮存等环节的安全管理和辐射防护，促进铀矿和伴生放射性矿环境保护。强化放射源、射线装置、高压输变电及移动通信工程等辐射环境管理。完善核与辐射安全审评方法，健全辐射环境监测监督体系，推动国家核与辐射安全监管技术研发基地建设，构建监管技术支撑平台。

(4) 深化重点领域污染综合防治

严格饮用水水源保护区划分与管理，定期开展水质全分析，实施水源地环境整治、恢复和建设工程，提高水质达标率。开展地下水污染状况调查、风险评估、修复示范。继续推进重点流域水污染防治，完善考核机制。加强鄱阳湖、洞庭湖、洪泽湖等湖泊污染治理。加大对水质良好或生态脆弱湖泊的保护力度。禁止在可能造成生态严重失衡的地方进行围填海活动，加强入海河流污染治理与入海排污口监督管理,重点改善渤海和长江、黄河、珠江等河口海域环境质量。修订环境空气质量标准,增加大气污染物监测指标,改进环境质量评价方法。健全重点区域大气污染联防联控机制,实施多种污染物协同控制,严格控制挥发性有机污染物排放。加强恶臭、噪声和餐饮油烟污染控制。加大城市生活垃圾无害化处理力度。加强工业固体废物污染防治,强化危险废物和医疗废物管理。被污染场地再次进行开发利用的,应进行环境评估和无害化治理。推行重点企业强制性清洁生产审核。推进污染企业环境绩效评估,严格上市企业环保核查。深入开展城市环境综合整治和环境保护模范城市创建活动。

(5) 大力发展环保产业

加大政策扶持力度,扩大环保产业市场需求。鼓励多渠道建立环保产业发展基金,拓宽环保产业发展融资渠道。实施环保先进适用技术研发应用、重大环保技术装备及产品产业化示范工程。着重发展环保设施社会化运营、环境咨询、环境监理、工程技术设计、认证评估等环境服务业。鼓励使用环境标志、环保认证和绿色印刷产品。开展污染减排技术攻关,实施水体污染控制与治理等科技重大专项。制定环保产业统计标准。加强环境基准研究,推进国家环境保护重点实验室、工程技术中心建设。加强高等院校环境学科和专业建设。

(6) 加快推进农村环境保护

实行农村环境综合整治目标责任制。深化"以奖促治"和"以奖代补"政策,扩大连片整治范围,集中整治存在突出环境问题的村庄和集镇,重点治理农村土壤和饮用水水源地污染。继续开展土壤环境调查,进行土壤污染治理与修复试点示范。推动环境保护基础设施和服务向农村延伸,加强农村生活垃圾和污水处理设施建设。发展生态农业和有机农业,科学使用化肥、农药和农膜,切实减少面源污染。严格农作物秸秆禁烧管理,推进农业生产废弃物资源化利用。加强农村人畜粪便和农药包装无害化处理。加大农村地区工矿企业污染防治力度,防止污染向农村转移。开展农业和农村环境统计。

(7) 加大生态保护力度

国家编制环境功能区划，在重要生态功能区、陆地和海洋生态环境敏感区、脆弱区等区域划定生态红线，对各类主体功能区分别制定相应的环境标准和环境政策。加强青藏高原生态屏障、黄土高原—川滇生态屏障、东北森林带、北方防沙带和南方丘陵山地带以及大江大河重要水系的生态环境保护。推进生态修复，让江河湖泊等重要生态系统休养生息。强化生物多样性保护，建立生物多样性监测、评估与预警体系以及生物遗传资源获取与惠益共享制度，有效防范物种资源丧失和流失。加强自然保护区综合管理。开展生态系统状况评估。加强矿产、水电、旅游资源开发和交通基础设施建设中的生态保护。推进生态文明建设试点，进一步开展生态示范创建活动。

3. 改革创新环境保护体制机制

(1) 继续推进环境保护历史性转变

坚持在发展中保护，在保护中发展，不断强化并综合运用法律、经济、技术和必要的行政手段，以改革创新为动力，积极探索代价小、效益好、排放低、可持续的环境保护新道路，建立与我国国情相适应的环境保护宏观战略体系、全面高效的污染防治体系、健全的环境质量评价体系、完善的环境保护法规政策和科技标准体系、完备的环境管理和执法监督体系、全民参与的社会行动体系。

(2) 实施有利于环境保护的经济政策

把环境保护列入各级财政年度预算并逐步增加投入。适时增加同级环保能力建设经费安排。加大对重点流域水污染防治的投入力度，完善重点流域水污染防治专项资金管理办法。完善中央财政转移支付制度，加大对中西部地区、民族自治地方和重点生态功能区环境保护的转移支付力度。加快建立生态补偿机制和国家生态补偿专项资金，扩大生态补偿范围。积极推进环境税费改革，研究开征环境保护税。对生产符合下一阶段标准车用燃油的企业，在消费税政策上予以优惠。制定和完善环境保护综合名录。对"高污染、高环境风险"产品,研究调整进出口关税政策。支持符合条件的企业发行债券用于环境保护项目。加大对符合环保要求和信贷原则的企业和项目的信贷支持力度。建立企业环境行为信用评价制度。健全环境污染责任保险制度,开展环境污染强制责任保险试点。严格落实燃煤电厂烟气脱硫电价政策,制定脱硝电价政策。对可再生能源发电、余热发电和垃圾焚烧发电实行优先上网等政策支持。对高耗能、高污染行业实行差别电价,对污水处理、污泥无害化处理设施、非电力行业脱硫脱硝和垃圾处理设施等鼓励类企业实行政策优惠。按照污泥、垃圾和医疗废物无害化处置的要求,完善收费标准,推进征收方式的改革。推行排污许可证制度,开展排污权有偿使用和交易试点,建立国家排污权交易中心,发展排污权交易市场。

(3) 不断增强环境保护能力

全面推进监测、监察、宣教、信息等环境保护能力标准化建设。完善地级以上城市空气质量、重点流域、地下水、农产品产地国家重点监控点位和自动监测网络,扩大监测范围,建设国家环境监测网。推进环境专用卫星建设及其应用,提高遥感监测能力。加强污染源自动监控系统建设、监督管理和运行维护。开展全民环境宣传教育行动计划,培育壮大环保志愿者队伍,引导和支持公众及社会组织开展环保活动。提高环境信息基础能力、统计能力和业务应用能力。建设环境信息资源中心,加强物联网在污染源自动监控、环境质量实时监测、危险化学品运输等领域的研发应用,推动信息资源共享。

(4) 健全环境管理体制和工作机制

构建环境保护工作综合决策机制。完善环境监测和督查体制机制,加强国家环境监察职能。继续实行环境保护部门领导干部双重管理体制。鼓励有条件的地区开展环境保护体制综合改革试点。结合地方人民政府机构改革和乡镇机构改革,探索实行设区城市环境保护派出机构监管模式,完善基层环境管理体制。加强核与辐射安全监管职能和队伍建设。实施生态环境保护人才发展中长期规划。

（5）强化对环境保护工作的领导和考核

地方各级人民政府要切实把环境保护放在全局工作的突出位置，列入重要议事日程，明确目标任务，完善政策措施，组织实施国家重点环保工程。制定生态文明建设的目标指标体系，纳入地方各级人民政府绩效考核，考核结果作为领导班子和领导干部综合考核评价的重要内容，作为干部选拔任用、管理监督的重要依据，实行环境保护一票否决制。对未完成目标任务考核的地方实施区域限批，暂停审批该地区除民生工程、节能减排、生态环境保护和基础设施建设以外的项目，并追究有关领导责任。

三、国家环境保护"十二五"规划

为推进"十二五"期间环境保护事业的科学发展，加快资源节约型、环境友好型社会建设，2011 年 12 月 15 日，国务院印发了《国家环境保护"十二五"规划》（国发［2011］42号）。该规划分析了我国的环境形势，指出了"十二五"期间环境保护工作的目标和重点任务。其主要内容如下。

1. 规划的主要目标

到 2015 年，主要污染物排放总量显著减少；城乡饮用水水源地环境安全得到有效保障，水质大幅提高；重金属污染得到有效控制，持久性有机污染物、危险化学品、危险废物等污染防治成效明显；城镇环境基础设施建设和运行水平得到提升；生态环境恶化趋势得到扭转；核与辐射安全监管能力明显增强，核与辐射安全水平进一步提高；环境监管体系得到健全。

表 5-1 "十二五"环境保护主要指标

序号	指标	2010 年	2015 年	2015 年比 2010 年增长/%
1	化学需氧量排放总量/万吨	2551.7	2347.6	−8
2	氨氮排放总量/万吨	264.4	238.0	−10

续表

序号	指标	2010年	2015年	2015年比2010年增长/%
3	二氧化硫排放总量/万吨	2267.8	2086.4	−8
4	氮氧化物排放总量/万吨	2273.6	2046.2	−10
5	地表水国控断面劣Ⅴ类水质的比例/%	17.7	<15	−2.7
5	七大水系国控断面水质好于Ⅲ类的比例/%	55	≥60	5
6	地级以上城市空气质量达到二级标准以上的比例/%	72	≥80	8

注：1. 化学需氧量和氨氮排放总量包括工业、城镇生活和农业源排放总量，依据2010年污染源普查动态更新结果核定。

2. "十二五"期间，地表水国控断面个数由759个增加到970个，其中七大水系国控断面个数由419个增加到574个；同时，评价因子由12项增加到21项。据此测算，2010年全国地表水国控断面劣Ⅴ类水质比例为17.7%，七大水系国控断面好于Ⅲ类水质的比例为55%。

3. "十二五"期间，空气环境质量评价范围由113个重点城市增加到333个全国地级以上城市，按照可吸入颗粒物、二氧化硫、二氧化氮的年均值测算，2010年地级以上城市空气质量达到二级标准以上的比例为72%。

2. 推进主要污染物减排

(1) 加大结构调整力度

加快淘汰落后产能。严格执行《产业结构调整指导目录》《部分工业行业淘汰落后生产工艺装备和产品指导目录》。加大钢铁、有色、建材、化工、电力、煤炭、造纸、印染、制革等行业落后产能淘汰力度。制定年度实施方案，将任务分解落实到地方、企业，并向社会公告淘汰落后产能企业名单。建立新建项目与污染减排、淘汰落后产能相衔接的审批机制，落实产能等量或减量置换制度。重点行业新建、扩建项目环境影响审批要将主要污染物排放总量指标作为前置条件。

着力减少新增污染物排放量。合理控制能源消费总量，促进非化石能源发展。到2015年，非化石能源占一次能源消费比重达到11.4%。提高煤炭洗选加工水平。增加天然气、煤层气供给，降低煤炭在一次能源消费中的比重。在大气联防联控重点区域开展煤炭消费总量控制试点。进一步提高高耗能、高排放和产能过剩行业准入门槛。探索建立单位产品污染物产生强度评价制度。积极培育节能环保、新能源等战略性新兴产业，鼓励发展节能环保型交通运输方式。

大力推行清洁生产和发展循环经济。提高造纸、印染、化工、冶金、建材、有色、制革等行业污染物排放标准和清洁生产评价指标，鼓励各地制定更加严格的污染物排放标准。全面推行排污许可证制度。推进农业、工业、建筑、商贸服务等领域清洁生产示范。深化循环经济示范试点，加快资源再生利用产业化，推进生产、流通、消费各环节循环经济发展，构建覆盖全社会的资源循环利用体系。

（2）着力削减化学需氧量和氨氮排放量

加大重点地区、行业水污染物减排力度。在已富营养化的湖泊水库和东海、渤海等易发生赤潮的沿海地区实施总氮或总磷排放总量控制。在重金属污染综合防治重点区域实施重点重金属污染物排放总量控制。推进造纸、印染和化工等行业化学需氧量和氨氮排放总量控制，削减比例较2010年不低于10%。严格控制长三角、珠三角等区域的造纸、印染、制革、农药、氮肥等行业新建单纯扩大产能项目。禁止在重点流域江河源头新建有色、造纸、印染、化工、制革等项目。

提升城镇污水处理水平。加大污水管网建设力度，推进雨、污分流改造，加快县城和重点建制镇污水处理厂建设。到2015年，全国新增城镇污水管网约16万千米，新增污水日处理能力4200万吨，基本实现所有县和重点建制镇具备污水处理能力，污水处理设施负荷率提高到80%以上，城市污水处理率达到85%。推进污泥无害化处理处置和污水再生利用。加强污水处理设施运行和污染物削减评估考核，推进城市污水处理厂监控平台建设。滇池、巢湖、太湖等重点流域和沿海地区城镇污水处理厂要提高脱氮除磷水平。

推动规模化畜禽养殖污染防治。优化养殖场布局，合理确定养殖规模，改进养殖方式，推行清洁养殖，推进养殖废弃物资源化利用。严格执行畜禽养殖业污染物排放标准，对养殖小区、散养密集区污染物实行统一收集和治理。到 2015 年，全国规模化畜禽养殖场和养殖小区配套建设固体废物和污水贮存处理设施的比例达到 50% 以上。

（3）加大二氧化硫和氮氧化物减排力度

持续推进电力行业污染减排。新建燃煤机组要同步建设脱硫脱硝设施，未安装脱硫设施的现役燃煤机组要加快淘汰或建设脱硫设施，烟气脱硫设施要按照规定取消烟气旁路。加快燃煤机组低氮燃烧技术改造和烟气脱硝设施建设，单机容量 30 万千瓦以上（含）的燃煤机组要全部加装脱硝设施。加强对脱硫脱硝设施运行的监管，对不能稳定达标排放的，要限期进行改造。

加快其他行业脱硫脱硝步伐。推进钢铁行业二氧化硫排放总量控制，全面实施烧结机烟气脱硫，新建烧结机应配套建设脱硫脱硝设施。加强水泥、石油石化、煤化工等行业二氧化硫和氮氧化物治理。石油石化、有色、建材等行业的工业窑炉要进行脱硫改造。新型干法水泥窑要进行低氮燃烧技术改造，新建水泥生产线要安装效率不低于 60% 的脱硝设施。因地制宜开展燃煤锅炉烟气治理，新建燃煤锅炉要安装脱硫脱硝设施，现有燃煤锅炉要实施烟气脱硫，东部地区的现有燃煤锅炉还应安装低氮燃烧装置。

开展机动车船氮氧化物控制。实施机动车环境保护标志管理。加速淘汰老旧汽车、机车、船舶。到 2015 年，基本淘汰 2005 年以前注册运营的"黄标车"。提高机动车环境准入要求，加强生产一致性检查，禁止不符合排放标准的车辆生产、销售和注册登记。鼓励使用新能源车。全面实施国家第四阶段机动车排放标准，在有条件的地区实施更严格的排放标准。提升车用燃油品质，鼓励使用新型清洁燃料，在全国范围供应符合国家第四阶段标准的车用燃油。积极发展城市公共交通，探索调控特大型和大型城市机动车保有总量。

3. 切实解决突出的环境问题

(1) 改善水环境质量

严格保护饮用水水源地。全面完成城市集中式饮用水水源保护区审批工作,取缔水源保护区内违法建设项目和排污口。推进水源地环境整治、恢复和规范化建设。加强对水源保护区外汇水区有毒有害物质的监管。地级以上城市集中式饮用水水源地要定期开展水质全分析。健全饮用水水源环境信息公开制度,加强风险防范和应急预警。

深化重点流域水污染防治。明确各重点流域的优先控制单元,实行分区控制。淮河流域要突出抓好氨氮控制,重点推进淮河干流及郑州、开封、淮北、淮南、蚌埠、亳州、菏泽、济宁、枣庄、临沂、徐州等城市水污染防治,干流水质基本达到Ⅲ类。海河流域要加强水资源利用与水污染防治统筹,以饮用水安全保障、城市水环境改善和跨界水污染协同治理为重点,大幅度减小污染负荷,实现劣Ⅴ类水质断面比重明显下降。辽河流域要加强城市水系环境综合整治,推进辽河保护区建设,实现辽河干流以及招苏台河、条子河、大辽河等支流水质明显好转。三峡库区及其上游要加强污染治理、水生态保护及水源涵养,确保上游及库区水质保持优良。松花江流域要加强城市水系环境综合整治和面源污染治理,国控断面水质基本消除劣Ⅴ类。黄河中上游要重点推进渭河、汾河、湟水河等支流水污染防治,加强宁东、鄂尔多斯和陕北等能源化工基地的环境风险防控,加强河套灌区农业面源污染防治,实现支流水质大幅改善,干流稳定达到使用功能要求。太湖流域要着力降低入湖总氮、总磷等污染负荷,湖体水质由劣Ⅴ类提高到Ⅴ类,富营养化趋势得到遏制。巢湖流域要加强养殖和入湖污染控制,削减氨氮、总氮和总磷污染负荷,加强湖区生态修复,遏制湖体富营养化趋势,主要入湖支流基本消除劣Ⅴ类水质。滇池流域要综合推进湖体、生态防护区域、引导利用区域和水源涵养区域的水污染防治,改善入湖河流和湖体水质。南水北调中线丹江口库区及上游要加强水污染防治和水土流失治理，推进农业面源污染治理，实现水质全面达标；东线水源区及沿线要进一步深化污染治理，确保调水水质。

抓好其他流域水污染防治。加大长江中下游、珠江流域污染防治力度，实现水质稳定并有所好转。将西南诸河、西北内陆诸河、东南诸河、鄱阳湖、洞庭湖、洪泽湖、抚仙湖、梁子湖、博斯腾湖、艾比湖、微山湖、青海湖和洱海等作为保障和提升水生态安全的重点地区，探索建立水生态环境质量评价指标体系，开展水生态安全综合评估，落实水污染防治和水生态安全保障措施。加强湖北省长湖、三湖、白露湖、洪湖和云南省异龙湖等综合治理。加大对黑龙江、乌苏里江、图们江、额尔齐斯河、伊犁河等河流的环境监管和污染防治力度。加大对水质良好或生态脆弱湖泊的保护力度。

综合防控海洋环境污染和生态破坏。坚持陆海统筹、河海兼顾，推进渤海等重点海域综合治理。落实重点海域排污总量控制制度。加强近岸海域与流域污染防治的衔接。加强对海岸工程、海洋工程、海洋倾废和船舶污染的环境监管，在生态敏感地区严格控制围填海活动。降低海水养殖污染物排放强度。加强海岸防护林建设，保护和恢复滨海湿地、红树林、珊瑚礁等典型海洋生态系统。加强海洋生物多样性保护。在重点海域逐步增加生物、赤潮和溢油监测项目，强化海上溢油等事故应急处置。建立海洋环境监测数据共享机制。到2015年，近岸海域水质总体保持稳定，长江、黄河、珠江等河口和渤海等重点海湾的水质有所改善。

推进地下水污染防控。开展地下水污染状况调查和评估，划定地下水污染治理区、防控区和一般保护区。加强重点行业地下水环境监管。取缔渗井、渗坑等地下水污染源，切断废弃钻井、矿井等污染途径。防范地下工程设施、地下勘探、采矿活动污染地下水。控制危险废物、城镇污染、农业面源污染对地下水的影响。严格防控污染土壤和污水灌溉对地下水的污染。在地下水污染突出区域进行修复试点，重点加强华北地区地下水污染防治。开展海水入侵综合防治示范。

(2) 实施多种大气污染物综合控制

深化颗粒物污染控制。加强工业烟粉尘控制,推进燃煤电厂、水泥厂除尘设施改造,钢铁行业现役烧结(球团)设备要全部采用高效除尘器,加强工艺过程除尘设施建设。20蒸吨(含)以上的燃煤锅炉要安装高效除尘器,鼓励其他中小型燃煤工业锅炉使用低灰分煤或清洁能源。加强施工工地、渣土运输及道路等扬尘控制。

加强挥发性有机污染物和有毒废气控制。加强石化行业生产、输送和存储过程挥发性有机污染物排放控制。鼓励使用水性、低毒或低挥发性的有机溶剂,推进精细化工行业有机废气污染治理,加强有机废气回收利用。实施加油站、油库和油罐车的油气回收综合治理工程。开展挥发性有机污染物和有毒废气监测,完善重点行业污染物排放标准。严格污染源监管,减少含汞、铅和二噁英等有毒有害废气排放。

推进城市大气污染防治。在大气污染联防联控重点区域,建立区域空气环境质量评价体系,开展多种污染物协同控制,实施区域大气污染物特别排放限值,对火电、钢铁、有色、石化、建材、化工等行业进行重点防控。在京津冀、长三角和珠三角等区域开展臭氧、细颗粒物($PM_{2.5}$)等污染物监测,开展区域联合执法检查。到2015年,上述区域复合型大气污染得到控制,所有城市空气环境质量达到或好于国家二级标准,酸雨、霾和光化学烟雾污染明显减少。实施城市清洁空气行动,加强乌鲁木齐等城市大气污染防治。实行城市空气质量分级管理,尚未达到标准的城市要制定并实施达标方案。加强餐饮油烟污染控制和恶臭污染治理。

加强城乡声环境质量管理。加大交通、施工、工业、社会生活等领域噪声污染防治力度。划定或调整声环境功能区,强化城市声环境达标管理,扩大达标功能区面积。做好重点噪声源控制,解决噪声扰民问题。强化噪声监管能力建设。

(3) 加强土壤环境保护

加强土壤环境保护制度建设。完善土壤环境质量标准,制定农产品产地土壤环境保护监督管理办法和技术规范。研究建立建设项目用地土壤环境质量评估与备案制度及污染土壤调查、评估和修复制度，明确治理、修复的责任主体和要求。

强化土壤环境监管。深化土壤环境调查，对粮食、蔬菜基地等敏感区和矿产资源开发影响区进行重点调查。开展农产品产地土壤污染评估与安全等级划分试点。加强城市和工矿企业污染场地环境监管，开展污染场地再利用的环境风险评估，将场地环境风险评估纳入建设项目环境影响评价，禁止未经评估和无害化治理的污染场地进行土地流转和开发利用。经评估认定对人体健康有严重影响的污染场地，应采取措施防止污染扩散，且不得用于住宅开发，对已有居民要实施搬迁。

推进重点地区污染场地和土壤修复。以大中城市周边、重污染工矿企业、集中治污设施周边、重金属污染防治重点区域、饮用水水源地周边、废弃物堆存场地等典型污染场地和受污染农田为重点，开展污染场地、土壤污染治理与修复试点示范。对责任主体灭失等历史遗留场地土壤污染要加大治理修复的投入力度。

(4) 强化生态保护和监管

强化生态功能区保护和建设。加强大小兴安岭森林、长白山森林等 25 个国家重点生态功能区的保护和管理，制定管理办法，完善管理机制。加强生态环境监测与评估体系建设，开展生态系统结构和功能的连续监测和定期评估。实施生态保护和修复工程。严格控制重点生态功能区污染物排放总量和产业准入环境标准。

提升自然保护区建设与监管水平。开展自然保护区基础调查与评估，统筹完善全国自然保护区发展规划。加强自然保护区建设和管理，严格控制自然保护区范围和功能分区的调整，严格限制涉及自然保护区的开发建设活动，规范自然保护区内土地和海域管理。加强国家级自然保护区规范化建设。优化自然保护区空间结构和布局，重点加大西南高山峡谷区、中南西部山地丘陵区、近岸海域等区域和河流水生生态系统自然保护区建设力度。抢救性保护中东部地区人类活动稠密区域残存的自然生境。到 2015 年，陆地自然保护区面积占国土面积的比重稳定在 15%。

加强生物多样性保护。继续实施《中国生物多样性保护战略与行动计划（2011—2030 年）》，加大生物多样性保护优先区域的保护力度，完成 8～10 个优先区域生物多样性本底调查与评估。开展生物多样性监测试点以及生物多样性保护示范区、恢复示范区等建设。推动重点地区和行业的种质资源库建设。加强生物物种资源出入境监管。研究建立生物遗传资源获取与惠益共享制度。研究制定防止外来物种入侵和加强转基因生物安全管理的法规。强化对转基因生物体环境释放和环境改善用途微生物利用的监管，开展外来有害物种防治。发布受威胁动植物和外来入侵物种名录。到 2015 年，90％的国家重点保护物种和典型生态系统得到保护。

推进资源开发生态环境监管。落实生态功能区划，规范资源开发利用活动。加强矿产、水电、旅游资源开发和交通基础设施建设中的生态监管，落实相关企业在生态保护与恢复中的责任。实施矿山环境治理和生态恢复保证金制度。

4. 加强重点领域环境风险防控

（1）推进环境风险全过程管理

开展环境风险调查与评估。以排放重金属、危险废物、持久性有机污染物和生产使用危险化学品的企业为重点，全面调查重点环境风险源和环境敏感点，建立环境风险源数据库。研究环境风险的产生、传播、防控机制。开展环境污染与健康损害调查，建立环境与健康风险评估体系。

完善环境风险管理措施。完善以预防为主的环境风险管理制度，落实企业主体责任。制定环境风险评估规范，完善相关技术政策、标准、工程建设规范。建设项目环境影响评价审批要对防范环境风险提出明确要求。建立企业突发环境事件报告与应急处理制度、特征污染物监测报告制度。对重点风险源、重要和敏感区域定期进行专项检查，对高风险企业要予以挂牌督办、限期整改或搬迁，对不具备整改条件的，应依法予以关停。建立环境应急救援网络，完善环境应急预案，定期开展环境事故应急演练。完善突发环境事件应急救援体系，构建政府引导、部门协调、分级负责、社会参与的环境应急救援机制，依法科学妥善处置突发环境事件。

建立环境事故处置和损害赔偿恢复机制。将有效防范和妥善应对重大突发环境事件作为地方人民政府的重要任务，纳入环境保护目标责任制。推进环境污染损害鉴定评估机构建设，建立鉴定评估工作机制，完善损害赔偿制度。建立损害评估、损害赔偿以及损害修复技术体系。健全环境污染责任保险制度，研究建立重金属排放等高环境风险企业强制保险制度。

(2) 加强核与辐射安全管理

提高核能与核技术利用安全水平。加强重大自然灾害对核设施影响的分析和预测预警。进一步提高核安全设备设计、制造、安装、运行的可靠性。加强研究堆和核燃料循环设施的安全整改，对不能满足安全要求的设施要限制运行或逐步关停。规范核技术利用行为，开展核技术利用单位综合安全检查，对安全隐患大的核技术利用项目实施强制退役。

加强核与辐射安全监管。完善核与辐射安全审评方法。加强运行核设施安全监管，强化对在建、拟建核设施的安全分析和评估，完善核安全许可证制度。完善早期核设施的安全管理。加强对核材料、放射性物品生产、运输、存储等环节的安全监管。加强核技术利用安全监管，完善核技术利用辐射安全管理信息系统。加强辐射环境质量监测和核设施流出物监督性监测。完善核与辐射安全监管国际合作机制，加强核安全宣传和科普教育。

加强放射性污染防治。推进早期核设施退役和放射性污染治理。开展民用辐射照射装置退役和废源回收工作。加快放射性废物贮存、处理和处置能力建设，基本消除历史遗留中低放废液的安全风险。加快铀矿、伴生放射性矿污染治理，关停不符合安全要求的铀矿冶设施，建立铀矿冶退役治理工程长期监护机制。

(3) 遏制重金属污染事件高发态势

加强重点行业和区域重金属污染防治。以有色金属矿（含伴生矿）采选业、有色金属冶炼业、铅蓄电池制造业、皮革及其制品业、化学原料及化学制品制造业等行业为重点，加大防控力度，加快重金属相关企业落后产能淘汰步伐。合理调整重金属相关企业布局，逐步提高行业准入门槛，严格落实卫生防护距离。坚持新增产能与淘汰产能等量置换或减量置换，禁止在重点区域新改扩建增加重金属污染物排放量的项目。鼓励各省（区、市）在其非重点区域内探索重金属排放量置换、交易试点。制定并实施重点区域、行业重金属污染物特别排放限值。加强湘江等流域、区域重金属污染综合治理。到 2015 年，重点区域内重点重金属污染物排放量比 2007 年降低 15%，非重点区域重点重金属污染物排放量不超过 2007 年水平。

实施重金属污染源综合防治。将重金属相关企业作为重点污染源进行管理，建立重金属污染物产生、排放台账，强化监督性监测和检查制度。对重点企业每两年进行一次强制清洁生产审核。推动重金属相关产业技术进步，鼓励企业开展深度处理。鼓励铅蓄电池制造业、有色金属冶炼业、皮革及其制品业、电镀等行业实施同类整合、园区化管理，强化园区的环境保护要求。健全重金属污染健康危害监测与诊疗体系。

（4）推进固体废物安全处理处置

加强危险废物污染防治。落实危险废物全过程管理制度，确定重点监管的危险废物产生单位清单，加强危险废物产生单位和经营单位规范化管理，杜绝危险废物非法转移。对企业自建的利用处置设施进行排查、评估，促进危险废物利用和处置产业化、专业化和规模化发展。控制危险废物填埋量。取缔废弃铅酸蓄电池非法加工利用设施。规范实验室等非工业源危险废物管理。加快推进历史堆存铬渣的安全处置，确保新增铬渣得到无害化利用处置。加强医疗废物全过程管理和无害化处置设施建设，因地制宜推进农村、乡镇和偏远地区医疗废物无害化管理。到 2015 年，基本实现地级以上城市医疗废物的无害化处置。

加大工业固体废物污染防治力度。完善鼓励工业固体废物利用和处置的优惠政策，强化工业固体废物综合利用和处置技术开发，加强煤矸石、粉煤灰、工业副产石膏、冶炼和化工废渣等大宗工业固体废物的污染防治。到 2015 年，工业固体废物综合利用率达到 72%。推行生产者责任延伸制度，规范废弃电器电子产品的回收处理活动，建设废旧物品回收体系和集中加工处理园区，推进资源综合利用。加强进口废物圈区管理。

提高生活垃圾处理水平。加快城镇生活垃圾处理设施建设。到 2015 年，全国城市生活垃圾无害化处理率达到 80%，所有县具有生活垃圾无害化处理能力。健全生活垃圾分类回收制度，完善分类回收、密闭运输、集中处理体系，加强设施运行监管。对垃圾简易处理或堆放设施和场所进行整治，对已封场的垃圾填埋场和旧垃圾场要进行生态修复、改造。鼓励垃圾厌氧制气、焚烧发电和供热、填埋气发电、餐厨废弃物资源化利用。推进垃圾渗滤液和垃圾焚烧飞灰处置工程建设。开展工业生产过程协同处理生活垃圾和污泥试点。

(5) 健全化学品环境风险防控体系

严格化学品环境监管。完善危险化学品环境管理登记及新化学物质环境管理登记制度。制定有毒有害化学品淘汰清单，依法淘汰高毒、难降解、高环境危害的化学品。制定重点环境管理化学品清单，限制生产和使用高环境风险化学品。完善相关行业准入标准、环境质量标准、排放标准和监测技术规范，推行排放、转移报告制度，开展强制清洁生产审核。健全化学品环境管理机构。建立化学品环境污染责任终身追究制和全过程行政问责制。

加强化学品风险防控。加强化工园区环境管理，严格新建化工园区的环境影响评价审批，加强现有化工企业集中区的升级改造。新建涉及危险化学品的项目应进入化工园区或化工聚集区，现有化工园区外的企业应逐步搬迁入园。制定化工园区环境保护设施建设标准，完善园区相关设施和环境应急体系建设。加强重点环境管理类危险化学品废弃物和污染场地的管理与处置。推进危险化学品企业废弃危险化学品暂存库建设和处理处置能力建设。以铁矿石烧结、电弧炉炼钢、再生有色金属生产、废弃物焚烧等行业为重点，加强二噁英污染防治，建立完善的二噁英污染防治体系和长效监管机制。到 2015 年，重点行业二噁英排放强度降低 10%。

四、全国生态环境保护纲要

2000 年 11 月 26 日，国务院发布了《全国生态环境保护纲要》（国发［2000］38 号，以下简称《纲要》），要求各地区、各有关部门要根据《纲要》，制定本地区本部门的生态环境保护规划，积极采取措施，加大生态环境保护工作力度，扭转生态环境恶化趋势，为实现祖国秀美山川的宏伟目标而努力奋斗。

"九五"以来，国家进一步加大了生态环境建设的力度，退耕还林还草、退田还湖、天然林保护、草原建设等生态建设工程取得重大进展，一些生态破坏严重的地区得到有效的恢复和改善。但总体上看，我国普遍存在的粗放型经济增长方式和掠夺式资源开发利用方式仍未根本转变，以牺牲环境为代价换取眼前和局部利益的现象在一些地区依然严重。只抓生态建设，不注意生态保护，边建设边破坏，不仅加大了国家生态建设的任务和压力，而且也无法巩固生态建设成果，难以从根本上遏制生态恶化的趋势，更不用说实现生态环境状况的好转。只有做好"保护优先、预防为主、防治结合"的生态环境保护与建设工作，并不断加强对自然资源开发的生态保护监管，才能取得成效。

制定《纲要》的根本出发点就是全面落实"保护优先、预防为主、防治结合"的方针，以减少新的生态破坏，巩固生态建设成果，从根本上遏制我国生态环境不断恶化的趋势。

1. 全国生态环境保护的目标

通过生态环境保护，遏制生态环境破坏，减轻自然灾害的危害；促进自然资源的合理、科学利用，实现自然生态系统良性循环；维护国家生态环境安全，确保国民经济和社会的可持续发展。

近期目标，到 2010 年，基本遏制生态环境破坏趋势。建设一批生态功能保护区，使重要生态功能区的生态系统和生态功能得到保护与恢复；在切实抓好现有自然保护区建设与管理的同时，抓紧建设一批新的自然保护区，使各类良好自然生态系统及重要物种得到有效保护；加强生态示范区和生态农业县建设，全国部分县（市、区）基本实现秀美山川、自然生态系统良性循环。

远期目标，到2030年，全面遏制生态环境恶化的趋势。全国50%的县（市、区）实现秀美山川、自然生态系统良性循环，30%以上的城市达到生态城市和园林城市标准。到2050年，力争全国生态环境得到全面改善，实现城乡环境清洁和自然生态系统良性循环，全国大部分地区实现秀美山川的宏伟目标。

2. 重要生态功能区的类型和级别及保护级措施

江河源头区、重要水源涵养区、水土保持的重点预防保护区和重点监督区、江河洪水调蓄区、防风固沙区和重要渔业水域等重要生态功能区，在保持流域、区域生态平衡，减轻自然灾害，确保国家和地区生态环境安全方面具有重要作用。对这些区域的现有植被和自然生态系统应严加保护，通过建立生态功能保护区，实施保护措施，防止生态环境的破坏和生态功能的退化。

生态功能保护区分为两级，跨省域和重点流域、重点区域的重要生态功能区，建立国家级生态功能保护区；跨地（市）和县（市）的重要生态功能区，建立省级和地（市）级生态功能保护区。

生态功能保护区的保护措施包括：停止一切产生严重环境污染的工程项目建设；严格控制人口增长，区内人口已超出承载能力的应采取必要的移民措施；改变粗放型生产经营方式，走生态经济型发展道路，对已经破坏的重要生态系统，要结合生态环境建设措施，认真组织重建与恢复，尽快遏制生态环境恶化趋势。

3. 各类资源开发利用的生态环境保护要求

切实加强对水、土地、森林、草原、海洋、矿产等重要自然资源的环境管理，严格资源开发利用中的生态环境保护工作。各类自然资源的开发，必须遵守相关的法律法规，依法履行生态环境影响评价手续；资源开发重点建设项目，应编报水土保持方案，否则一律不得开工建设。

(1) 水资源开发利用的生态环境保护

水资源的开发利用要全流域统筹兼顾，生产、生活和生态用水综合平衡，坚持开源与节流并重，节流优先，治污为本，科学开源，综合利用。建立缺水地区高耗水项目管制制度，逐步调整用水紧缺地区的高耗水产业，停止新上高耗水项目，确保流域生态用水。在发生江河断流、湖泊萎缩、地下水超采的流域和地区，应停上新的加重水平衡失调的蓄水、引水和灌溉工程；合理控制地下水开采，做到采补平衡；在地下水严重超采地区，划定地下水禁采区，抓紧清理不合理的抽水设施，防止出现大面积的地下漏斗和地表塌陷。继续加大二氧化硫和酸雨控制力度，合理开发利用和保护大气水资源；对于擅自围垦的湖泊和填占的河道，要限期退耕还湖还水。通过科学的监测评价和功能区划，规范排污许可证制度和排污口管理制度。严禁向水体倾倒垃圾和建筑、工业废料，进一步加大水污染特别是重点江河湖泊水污染治理力度，加快城市污水处理设施、垃圾集中处理设施建设。加大农业面源污染控制力度，鼓励畜禽粪便资源化，确保养殖废水达标排放，严格控制氮、磷严重超标地区的氮肥、磷肥施用量。

(2) 土地资源开发利用的生态环境保护

依据土地利用总体规划，实施土地用途管制制度，明确土地承包者的生态环境保护责任，加强生态用地保护，冻结征用具有重要生态功能的草地、林地、湿地。建设项目确需占用生态用地的，应严格依法报批和补偿，并实行"占一补一"的制度，确保恢复面积不少于占用面积。加强对交通、能源、水利等重大基础设施建设的生态环境保护监管，建设线路和施工场址要科学选比，尽量减少占用林地、草地和耕地，防止水土流失和土地沙化。加强非牧场草地开发利用的生态监管。大江大河上中游陡坡耕地要按照有关规划，有计划、分步骤地实行退耕还林还草，并加强对退耕地的管理，防止复耕。

(3) 森林、草原资源开发利用的生态环境保护

对具有重要生态功能的林区、草原，应划为禁垦区、禁伐区或禁牧区，严格管护；已经开发利用的，要退耕退牧，育林育草，使其休养生息。实施天然林保护工程，最大限度地保护和发挥好森林的生态效益；要切实保护好各类水源涵养林、水土保持林、防风固沙林、特种用途林等生态公益林；对毁林、毁草开垦的耕地和造成的废弃地，要按照"谁批准谁负责，谁破坏谁恢复"的原则，限期退耕还林还草。加强森林、草原防火和病虫鼠害防治工作，努力减少林草资源灾害性损失；加大火烧迹地、采伐迹地的封山育林育草力度，加速林区、草原生态环境的恢复和生态功能的提高。大力发展风能、太阳能、生物质能等可再生能源技术，减少樵采对林草植被的破坏。

发展牧业要坚持以草定畜，防止超载过牧。严重超载过牧的，应核定载畜量，限期压减牲畜头数。采取保护和利用相结合的方针，严格实行草场禁牧期、禁牧区和轮牧制度，积极开发秸秆饲料，逐步推行舍饲圈养办法，加快退化草场的恢复。在干旱、半干旱地区要因地制宜调整粮畜生产比重，大力实施种草养畜富民工程。在农牧交错区进行农业开发，不得造成新的草场破坏；发展绿洲农业，不得破坏天然植被。对牧区的已垦草场，应限期退耕还草，恢复植被。

(4) 生物物种资源开发利用的生态环境保护

生物物种资源的开发应在保护物种多样性和确保生物安全的前提下进行。依法禁止一切形式的捕杀、采集濒危野生动植物的活动。严厉打击濒危野生动植物的非法贸易。严格限制捕杀、采集和销售益虫、益鸟、益兽。鼓励野生动植物的驯养、繁育。加强野生生物资源开发管理，逐步划定准采区，规范采挖方式，严禁乱采滥挖；严格禁止采集和销售发菜，取缔一切发菜贸易，坚决制止在干旱、半干旱草原滥挖具有重要固沙作用的各类野生药用植物。切实搞好重要鱼类的产卵场、索饵场、越冬场、回游通道和重要水生生物及其生境的保护。加强生物安全管理，建立转基因生物活体及其

产品的进出口管理制度和风险评估制度；对引进外来物种必须进行风险评估，加强进口检疫工作，防止国外有害物种进入国内。

(5) 海洋和渔业资源开发利用的生态环境保护

海洋和渔业资源开发利用必须按功能区划进行，做到统一规划，合理开发利用。切实加强海岸带的管理，严格围垦造地建港、海岸工程和旅游设施建设的审批，严格保护红树林、珊瑚礁、沿海防护林。加强重点渔场、江河出海口、海湾及其他渔业水域等重要水生资源繁育区的保护，严格渔业资源开发的生态环境保护监管。加大海洋污染防治力度，逐步建立污染物排海总量控制制度，加强对海上油气勘探开发、海洋倾废、船舶排污和港口的环境管理，逐步建立海上重大污染事故应急体系。

(6) 矿产资源开发利用的生态环境保护

严禁在生态功能保护区、自然保护区、风景名胜区、森林公园内采矿。严禁在崩塌滑坡危险区、泥石流易发区和易导致自然景观破坏的区域采石、采砂、取土。矿产资源开发利用必须严格规划管理，开发应选取有利于生态环境保护的工期、区域和方式，把开发活动对生态环境的破坏减少到最低限度。矿产资源开发必须防止次生地质灾害的发生。在沿江、沿河、沿湖、沿库、沿海地区开采矿产资源，必须落实生态环境保护措施，尽量避免和减少对生态环境的破坏。已造成破坏的，开发者必须限期恢复。已停止采矿或关闭的矿山、坑口，必须及时做好土地复垦。

(7) 旅游资源开发利用的生态环境保护

旅游资源的开发必须明确环境保护的目标与要求，确保旅游设施建设与自然景观相协调。科学确定旅游区的游客容量，合理设计旅游线路，使旅游基础设施建设与生态环境的承载能力相适应。加强自然景观、景点的保护，限制对重要自然遗迹的旅游开发，从严控制重点风景名胜区的旅游开发，严格管制索道等旅游设施的建设规模与数量，对不符合规划要求建设的设施，要限期拆除。旅游区的污水、烟尘和生活垃圾处理，必须实现达标排放和科学处置。

4. 对生态良好地区的生态环境实施积极性保护

生态良好地区特别是物种丰富区是生态环境保护的重点区域，要采取积极的保护措施，保证这些区域的生态系统和生态功能不被破坏。在物种丰富、具有自然生态系统代表性、典型性、未受破坏的地区，应抓紧抢建一批新的自然保护区。

重视城市生态环境保护。在城镇化进程中，要切实保护好各类重要生态用地。继续开展城镇环境综合整治，进一步加快能源结构调整和工业污染源治理，切实加强城镇建设项目和建筑工地的环境管理，积极推进环保模范城市和环境优美城镇创建工作。

国家鼓励和支持生态良好地区，在实施可持续发展战略中发挥示范作用。进一步加快县（市）生态示范区和生态农业县建设步伐。在有条件的地区，应努力推动地级和省级生态示范区的建设。

《纲要》要求各地要抓紧编制生态功能区划，指导自然资源开发和产业合理布局，推动经济社会与生态环境保护协调、健康发展。制定重大经济技术政策、社会发展规划、经济发展计划时，应依据生态功能区划，充分考虑生态环境影响问题。自然资源的开发和植树种草、水土保持、草原建设等重大生态环境建设项目，必须开展环境影响评价。对可能造成生态环境破坏和不利影响的项目，必须做到生态环境保护和恢复措施与资源开发和建设项目同步设计、同步施工、同步检查验收。对可能造成生态环境严重破坏的，应严格评审，坚决禁止。

五、全国主体功能区规划

2010年12月21日，国务院印发《全国主体功能区规划》（国发〔2010〕46号）。该规划是我国国土空间开发的战略性、基础性和约束性规划。编制实施《全国主体功能区规划》是深入贯彻落实科学发展观的重大战略举措，对于推进形成人口、经济和资源环境相协调的国土空间开发格局，加快转变经济发展方式，促进经济长期平稳较快发展和社会和谐稳定，实现建设小康社会目标和社会主义现代化建设长远目标，具有重要战略意义。

1. 主体功能区划分

规划将我国国土空间分为以下主体功能区：按开发方式，分为优化开发区域、重点开发区域、限制开发区域和禁止开发区域；按开发内容，分为城市化地区、农产品主产区和重点生态功能区；按层级，分为国家和省级两个层面。

优化开发区域、重点开发区域、限制开发区域和禁止开发区域，是基于不同区域的资源环境承载能力、现有开发强度和未来发展潜力，以是否适宜或如何进行大规模高强度工业化城镇化开发为基准划分的。

城市化地区、农产品主产区和重点生态功能区，是以提供主体产品的类型为基准划分的。城市化地区是以提供工业品和服务产品为主体功能的地区，也提供农产品和生态产品；农产品主产区是以提供农产品为主体功能的地区，也提供生态产品、服务产品和部分工业品；重点生态功能区是以提供生态产品为主体功能的地区，也提供一定的农产品、服务产品和工业品。

优化开发区域是经济比较发达、人口比较密集、开发强度较高、资源环境问题更加突出，从而应该优化进行工业化城镇化开发的城市化地区。

重点开发区域是有一定经济基础、资源环境承载能力较强、发展潜力较大、集聚人口和经济的条件较好，从而应该重点进行工业化城镇化开发的城市化地区。优化开发和重点开发区域都属于城市化地区，开发内容总体上相同，开发强度和开发方式不同。

限制开发区域分为两类：一类是农产品主产区，即耕地较多、农业发展条件较好，尽管也适宜工业化城镇化开发，但从保障国家农产品安全以及中华民族永续发展的需要出发，必须把增强农业综合生产能力作为发展的首要任务，从而应该限制进行大规模高强度工业化城镇化开发的地区；另一类是重点生态功能区，即生态系统脆弱或生态功能重要，资源环境承载能力较低，不具备大规模高强度工业化城镇化开发的条件，必须把增强生态产品生产能力作为首要任务，从而应该限制进行大规模高强度工业化城镇化开发的地区。

禁止开发区域是依法设立的各级各类自然文化资源保护区域，以及其他禁止进行工业化城镇化开发、需要特殊保护的重点生态功能区。国家层面禁止开发区域，包括国家级自然保护区、世界文化自然遗产、国家级风景名胜区、国家森林公园和国家地质公园。省级层面的禁止开发区域，包括省级及以下各级各类自然文化资源保护区域、重要水源地以及其他省级人民政府根据需要确定的禁止开发区域。

各类主体功能区，在全国经济社会发展中具有同等重要的地位，只是主体功能不同、开发方式不同、保护内容不同、发展首要任务不同、国家支持重点不同。对城市化地区主要支持其集聚人口和经济，对农产品主产区主要支持其增强农业综合生产能力，对重点生态功能区主要支持其保护和修复生态环境（见图5-1）。

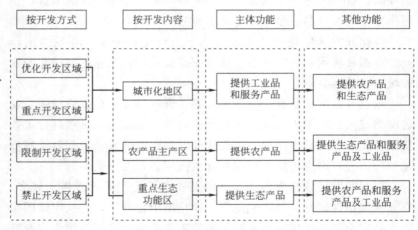

图 5-1 主体功能分类及其功能

2. 规划开发原则中关于保护环境的要求

要按照建设环境友好型社会的要求，根据国土空间的不同特点,以保护自然生态为前提、以水土资源承载能力和环境容量为基础进行有度有序开发,走人与自然和谐的发展道路。

① 把保护水面、湿地、林地和草地放到与保护耕地同等重要的位置。

② 工业化城镇化开发必须建立在对所在区域资源环境承载能力综合评价的基础上,严格控制在水资源承载能力和环境容量允许的范围内。编制区域规划等应事先进行资源环境承载能力综合评价,并把保持一定比例的绿色生态空间作为规划的主要内容。

③ 在水资源严重短缺、生态脆弱、生态系统重要、环境容量小、地震和地质灾害等自然灾害危险性大的地区,要严格控制工业化城镇化开发,适度控制其他开发活动,缓解开发活动对自然生态的压力。

④ 严禁各类破坏生态环境的开发活动。能源和矿产资源开发,要尽可能不损害生态环境并应最大限度地修复原有生态环境。

⑤ 加强对河流原始生态的保护。实现从事后治理向事前保护转变,实行严格的水资源管理制度,明确水资源开发利用、水功能区限制纳污及用水效率控制指标。在保护河流生态的基础上有序开发水能资源。严格控制地下水超采,加强对超采的治理和对地下水源的涵养与保护。加强水土流失综合治理及预防监督。

⑥ 交通、输电等基础设施建设要尽量避免对重要自然景观和生态系统的分割,从严控制穿越禁止开发区域。

⑦ 农业开发要充分考虑对自然生态系统的影响,积极发挥农业的生态、景观和间隔功能。严禁有损自然生态系统的开荒以及侵占水面、湿地、林地、草地等农业开发活动。

⑧ 在确保省域内耕地和基本农田面积不减少的前提下,继续在适宜的地区实行退耕还林、退牧还草、退田还湖。在农业用水严重超出区域水资源承载能力的地区实行退耕还水。

⑨ 生态遭到破坏的地区要尽快偿还生态欠账。生态修复行为要有利于构建生态廊道和生态网络。

⑩ 保护天然草地、沼泽地、苇地、滩涂、冻土、冰川及永久

积雪等自然空间。

3. 推进全国主体功能区的主要目标

到 2020 年基本形成主体功能区布局的总体要求，推进形成主体功能区的主要目标如下。

(1) 空间开发格局清晰

"两横三纵"为主体的城市化战略格局基本形成，全国主要城市化地区集中全国大部分人口和经济总量；"七区二十三带"为主体的农业战略格局基本形成，农产品供给安全得到切实保障；"两屏三带"为主体的生态安全战略格局基本形成，生态安全得到有效保障；海洋主体功能区战略格局基本形成，海洋资源开发、海洋经济发展和海洋环境保护取得明显成效。

(2) 空间结构得到优化

全国陆地国土空间的开发强度控制在 3.91%，城市空间控制在 10.65 万平方千米以内，农村居民点占地面积减少到 16 万平方千米以下，各类建设占用耕地新增面积控制在 3 万平方千米以内，工矿建设空间适度减少。耕地保有量不低于 120.33 万平方千米，其中基本农田不低于 104 万平方千米（15.6 亿亩）。绿色生态空间扩大，林地保有量增加到 312 万平方千米，草原面积占陆地国土空间面积的比例保持在 40% 以上，河流、湖泊、湿地面积有所增加。

(3) 空间利用效率提高

单位面积城市空间创造的生产总值大幅度提高，城市建成区人口密度明显加大。粮食和棉油糖单产水平稳步提高。单位面积绿色生态空间蓄积的林木数量、产草量和涵养的水量明显增加。

(4) 区域发展协调性增强

不同区域之间城镇居民人均可支配收入、农村居民人均纯收入和生活条件的差距缩小，扣除成本因素后的人均财政支出大体相当，基本公共服务均等化取得重大进展。

(5) 可持续发展能力提升

生态系统稳定性明显增强，生态退化面积减少，主要污染物排放总量减少,环境质量明显改善。生物多样性得到切实保护,森林覆盖率提高到23%,森林蓄积量达到150亿立方米以上。草原植被覆盖度明显提高。主要江河湖库水功能区水质达标率提高到80%左右。自然灾害防御水平提升。应对气候变化能力明显增强。

全国陆地国土空间开发的规划指标见表5-2。

表 5-2　全国陆地国土空间开发的规划指标

指标	2008 年	2020 年
开发强度/%	3.48	3.91
城市空间/万平方千米	8.21	10.65
农村居民点/万平方千米	16.53	16
耕地保有量/万平方千米	121.72	120.33
林地保有量/万平方千米	303.78	312
森林覆盖率/%	20.36	23

4. 国家层面优化开发区域的功能定位和发展方向

(1) 功能定位

提升国家竞争力的重要区域,带动全国经济社会发展的龙头、全国重要的创新区域,我国在更高层次上参与国际分工及有全球影响力的经济区,全国重要的人口和经济密集区。

(2) 发展方向和开发原则

国家优化开发区域应率先加快转变经济发展方式,调整优化经济结构,提升参与全球分工与竞争的层次。具体内容如下。

——优化空间结构。减少工矿建设空间和农村生活空间,适当扩大服务业、交通、城市居住、公共设施空间,扩大绿色生态空间。控制城市蔓延扩张、工业遍地开花和开发区过度分散。

——优化城镇布局。进一步健全城镇体系,促进城市集约紧凑发展,围绕区域中心城市明确各城市的功能定位和产业分工,推进城市间的功能互补和经济联系,提高区域的整体竞争力。

——优化人口分布。合理控制特大城市主城区的人口规模,增强周边地区和其他城市吸纳外来人口的能力，引导人口均衡、集聚分布。

——优化产业结构。推动产业结构向高端、高效、高附加值转变，增强高新技术产业、现代服务业、先进制造业对经济增长的带动作用。发展都市型农业、节水农业和绿色有机农业；积极发展节能、节地、环保的先进制造业，大力发展拥有自主知识产权的高新技术产业，加快发展现代服务业，尽快形成服务经济为主的产业结构。积极发展科技含量和附加值高的海洋产业。

——优化发展方式。率先实现经济发展方式的根本性转变。研究与试验发展经费支出占地区生产总值比重明显高于全国平均水平。大力提高清洁能源比重，壮大循环经济规模，广泛应用低碳技术，大幅度降低二氧化碳排放强度，能源和水资源消耗以及污染物排放等标准达到或接近国际先进水平，全部实现垃圾无害化处理和污水达标排放。加强区域环境监管，建立健全区域污染联防联治机制。

——优化基础设施布局。优化交通、能源、水利、通信、环保、防灾等基础设施的布局和建设，提高基础设施的区域一体化和同城化程度。

——优化生态系统格局。把恢复生态、保护环境作为必须实现的约束性目标。严格控制开发强度，加大生态环境保护投入，加强环境治理和生态修复，净化水系、提高水质，切实严格保护耕地以及水面、湿地、林地、草地和文化自然遗产，保护好城市之间的绿色开敞空间，改善人居环境。

5. 国家层面重点开发区域的功能定位和发展方向

（1）功能定位

支撑全国经济增长的重要增长极，落实区域发展总体战略、促进区域协调发展的重要支撑点，全国重要的人口和经济密集区。

（2）发展方向和开发原则

重点开发区域应在优化结构、提高效益、降低消耗、保护环境的基础上推动经济可持续发展；推进新型工业化进程，提高自主创新能力，聚集创新要素，增强产业集聚能力，积极承接国际及国内优化开发区域产业转移，形成分工协作的现代产业体系；加快推进城镇化，壮大城市综合实力，改善人居环境，提高集聚人口的能力；发挥区位优势，加快沿边地区对外开放，加强国际通道和口岸建设，形成我国对外开放新的窗口和战略空间。具体内容如下。

——统筹规划国土空间。适度扩大先进制造业空间，扩大服务业、交通和城市居住等建设空间，减少农村生活空间，扩大绿色生态空间。

——健全城市规模结构。扩大城市规模，尽快形成辐射带动力强的中心城市，发展壮大其他城市，推动形成分工协作、优势互补、集约高效的城市群。

——促进人口加快集聚。完善城市基础设施和公共服务，进一步提高城市的人口承载能力，城市规划和建设应预留吸纳外来人口的空间。

——形成现代产业体系。增强农业发展能力，加强优质粮食生产基地建设，稳定粮食生产能力。发展新兴产业，运用高新技术改造传统产业，全面加快发展服务业，增强产业配套能力，促进产业集群发展。合理开发并有效保护能源和矿产资源，将资源优势转化为经济优势。

——提高发展质量。确保发展质量和效益，工业园区和开发区的规划建设应遵循循环经济的理念，大力提高清洁生产水平，减少主要污染物排放，降低资源消耗和二氧化碳排放强度。

——完善基础设施。统筹规划建设交通、能源、水利、通信、环保、防灾等基础设施，构建完善、高效、区域一体、城乡统筹的基础设施网络。

——保护生态环境。事先做好生态环境、基本农田等保护规划，减少工业化城镇化对生态环境的影响，避免出现土地过多占用、水资源过度开发和生态环境压力过大等问题，努力提高环境质量。

——把握开发时序。区分近期、中期和远期实施有序开发,近期重点建设好国家批准的各类开发区,对目前尚不需要开发的区域,应作为预留发展空间予以保护。

6. 国家层面限制开发区域的功能定位和发展方向

(1) 限制开发区域（农产品主产区）

国家层面限制开发的农产品主产区是指具备较好的农业生产条件,以提供农产品为主体功能,以提供生态产品、服务产品和工业品为其他功能,需要在国土空间开发中限制进行大规模高强度工业化城镇化开发,以保持并提高农产品生产能力的区域。

① 功能定位　保障农产品供给安全的重要区域,农村居民安居乐业的美好家园,社会主义新农村建设的示范区。

② 发展方向和开发原则　农产品主产区应着力保护耕地,稳定粮食生产,发展现代农业,增强农业综合生产能力,增加农民收入,加快建设社会主义新农村,保障农产品供给,确保国家粮食安全和食物安全。具体内容如下。

——加强土地整治,搞好规划、统筹安排、连片推进,加快中低产田改造,推进连片标准粮田建设。鼓励农民开展土壤改良。

——加强水利设施建设,加快大中型灌区、排灌泵站配套改造以及水源工程建设。鼓励和支持农民开展小型农田水利设施建设、小流域综合治理。建设节水农业,推广节水灌溉,发展旱作农业。

——优化农业生产布局和品种结构,搞好农业布局规划,科学确定不同区域农业发展重点,形成优势突出和特色鲜明的产业带。

——国家支持农产品主产区加强农产品加工、流通、储运设施建设,引导农产品加工、流通、储运企业向主产区聚集。

——粮食主产区要进一步提高生产能力,主销区和产销平衡区要稳定粮食自给水平。根据粮食产销格局变化,加大对粮食主产区的扶持力度,集中力量建设一批基础条件好、生产水平高、调出量大的粮食生产核心区。在保护生态前提下,开发资源有优势、增产有潜力的粮食生产后备区。

——大力发展油料生产，鼓励发挥优势，发展棉花、糖料生产，着力提高品质和单产。转变养殖业发展方式，推进规模化和标准化，促进畜牧和水产品的稳定增产。

——在复合产业带内，要处理好多种农产品协调发展的关系，根据不同产品的特点和相互影响，合理确定发展方向和发展途径。

——控制农产品主产区开发强度，优化开发方式，发展循环农业，促进农业资源的永续利用。鼓励和支持农产品、畜产品、水产品加工副产物的综合利用。加强农业面源污染防治。

——加强农业基础设施建设，改善农业生产条件。加快农业科技进步和创新，提高农业物质技术装备水平。强化农业防灾减灾能力建设。

——积极推进农业的规模化、产业化，发展农产品深加工，拓展农村就业和增收空间。

——以县城为重点推进城镇建设和非农产业发展，加强县城和乡镇公共服务设施建设，完善小城镇公共服务和居住功能。

——农村居民点以及农村基础设施和公共服务设施的建设，要统筹考虑人口迁移等因素，适度集中、集约布局。

(2) 限制开发区域（重点生态功能区）

国家层面限制开发的重点生态功能区是指生态系统十分重要，关系全国或较大范围区域的生态安全，目前生态系统有所退化，需要在国土空间开发中限制进行大规模高强度工业化城镇化开发，以保持并提高生态产品供给能力的区域。

① 功能定位　保障国家生态安全的重要区域，人与自然和谐相处的示范区。

② 发展方向　以保护和修复生态环境、提供生态产品为首要任务，因地制宜地发展不影响主体功能定位的适宜产业，引导超载人口逐步有序转移。具体内容如下。

——水源涵养型。推进天然林草保护、退耕还林和围栏封育，治理水土流失，维护或重建湿地、森林、草原等生态系统。严格保护具有水源涵养功能的自然植被，禁止过度放牧、无序采矿、毁林开荒、开垦草原等行为。加强大江大河源头及上游地区的小流域治理和植树造林，减少面源污染。拓宽农民增收渠道，解决农民长远生计，巩固退耕还林、退牧还草成果。

——水土保持型。大力推行节水灌溉和雨水集蓄利用，发展旱作节水农业。限制陡坡垦殖和超载过牧。加强小流域综合治理，实行封山禁牧，恢复退化植被。加强对能源和矿产资源开发及建设项目的监管，加大矿山环境整治修复力度，最大限度地减少人为因素造成新的水土流失。拓宽农民增收渠道，解决农民长远生计，巩固水土流失治理、退耕还林、退牧还草成果。

——防风固沙型。转变畜牧业生产方式，实行禁牧休牧，推行舍饲圈养，以草定畜，严格控制载畜量。加大退耕还林、退牧还草力度，恢复草原植被。加强对内陆河流的规划和管理，保护沙区湿地，禁止发展高耗水工业。对主要沙尘源区、沙尘暴频发区实行封禁管理。

——生物多样性维护型。禁止对野生动植物进行滥捕滥采，保持并恢复野生动植物物种和种群的平衡，实现野生动植物资源的良性循环和永续利用。加强防御外来物种入侵的能力，防止外来有害物种对生态系统的侵害。保护自然生态系统与重要物种栖息地，防止生态建设导致栖息环境的改变。

③ 开发管制原则

——对各类开发活动进行严格管制，尽可能减少对自然生态系统的干扰，不得损害生态系统的稳定和完整性。

——开发矿产资源、发展适宜产业和建设基础设施，都要控制在尽可能小的空间范围之内，并做到天然草地、林地、水库水面、河流水面、湖泊水面等绿色生态空间面积不减少。控制新增公路、铁路建设规模，必须新建的，应事先规划好动物迁徙通道。在有条件的地区之间，要通过水系、绿带等构建生态廊道，避免形成"生态孤岛"。

——严格控制开发强度，逐步减少农村居民点占用的空间，腾出更多的空间用于维系生态系统的良性循环。城镇建设与工业开发要依托现有资源环境承载能力相对较强的城镇集中布局、据点式开发，禁止成片蔓延式扩张。原则上不再新建各类开发区和扩大现有工业开发区的面积，已有的工业开发区要逐步改造成为低消耗、可循环、少排放、"零污染"的生态型工业区。

——实行更加严格的产业准入环境标准，严把项目准入关。在不损害生态系统功能的前提下，因地制宜地适度发展旅游、农林牧产品生产和加工、观光休闲农业等产业，积极发展服务业，根据不同地区的情况，保持一定的经济增长速度和财政自给能力。

——在现有城镇布局基础上进一步集约开发、集中建设，重点规划和建设资源环境承载能力相对较强的县城和中心镇，提高综合承载能力。引导一部分人口向城市化地区转移，一部分人口向区域内的县城和中心镇转移。生态移民点应尽量集中布局到县城和中心镇，避免新建孤立的村落式移民社区。

——加强县城和中心镇的道路、供排水、垃圾污水处理等基础设施建设。在条件适宜的地区，积极推广沼气、风能、太阳能、地热能等清洁能源，努力解决农村特别是山区、高原、草原和海岛地区农村的能源需求。在有条件的地区建设一批节能环保的生态型社区。健全公共服务体系，改善教育、医疗、文化等设施条件，提高公共服务供给能力和水平。

7. 国家层面禁止开发区域的功能定位和管制原则

（1）功能定位

国家禁止开发区域的功能定位是我国保护自然文化资源的重要区域，珍稀动植物基因资源保护地（见表 5-3）。

根据法律法规和有关方面的规定，国家禁止开发区域共 1443 处，总面积约 120 万平方千米，占全国陆地国土面积的 12.5%。今后新设立的国家级自然保护区、世界文化自然遗产、国家级风景名胜区、国家森林公园、国家地质公园，自动进入国家禁止开发区域名录。

表 5-3 国家禁止开发区域基本情况

类型	个数	面积/万平方千米	占陆地国土面积比重/%
国家级自然保护区	319	92.85	9.67
世界文化自然遗产	40	3.72	0.39
国家级风景名胜区	208	10.17	1.06
国家森林公园	738	10.07	1.05
国家地质公园	138	8.56	0.89
合计	1443	120	12.5

注：本表统计结果截至 2010 年 10 月 31 日；总面积中已扣除部分相互重叠的面积。

(2) 管制原则

国家禁止开发区域要依据法律法规规定和相关规划实施强制性保护，严格控制人为因素对自然生态和文化自然遗产原真性、完整性的干扰，严禁不符合主体功能定位的各类开发活动，引导人口逐步有序转移，实现污染物"零排放"，提高环境质量。

① 国家级自然保护区 要依据《中华人民共和国自然保护区条例》、本规划确定的原则和自然保护区规划进行管理。

——按核心区、缓冲区和实验区分类管理。核心区，严禁任何生产建设活动；缓冲区，除必要的科学实验活动外，严禁其他任何生产建设活动；实验区，除必要的科学实验以及符合自然保护区规划的旅游、种植业和畜牧业等活动外，严禁其他生产建设活动。

——按核心区、缓冲区、实验区的顺序，逐步转移自然保护区的人口。绝大多数自然保护区核心区应逐步实现无人居住，缓冲区和实验区也应较大幅度减少人口。

——根据自然保护区的实际情况，实行异地转移和就地转移两种转移方式，一部分人口转移到自然保护区以外，一部分人口就地转为自然保护区管护人员。

——在不影响自然保护区主体功能的前提下，对范围较大、目前核心区人口较多的,可以保持适量的人口规模和适度的农牧业活动;同时通过生活补助等途径,确保人民生活水平稳步提高。

——交通、通信、电网等基础设施要慎重建设,能避则避,必须穿越的,要符合自然保护区规划,并进行保护区影响专题评价。新建公路、铁路和其他基础设施不得穿越自然保护区核心区,尽量避免穿越缓冲区。

② 世界文化自然遗产　要依据《保护世界文化和自然遗产公约》《实施世界遗产公约操作指南》、本规划确定的原则和文化自然遗产规划进行管理。

——加强对遗产原真性的保护,保持遗产在艺术、历史、社会和科学方面的特殊价值。加强对遗产完整性的保护,保持遗产未被人扰动过的原始状态。

③ 国家级风景名胜区　要依据《风景名胜区条例》、本规划确定的原则和风景名胜区规划进行管理。

——严格保护风景名胜区内一切景物和自然环境,不得破坏或随意改变。

——严格控制人工景观建设。

——禁止在风景名胜区从事与风景名胜资源无关的生产建设活动。

——建设旅游设施及其他基础设施等必须符合风景名胜区规划,逐步拆除违反规划建设的设施。

——根据资源状况和环境容量对旅游规模进行有效控制,不得对景物、水体、植被及其他野生动植物资源等造成损害。

④ 国家森林公园　要依据《中华人民共和国森林法》《中华人民共和国森林法实施条例》《中华人民共和国野生植物保护条例》《森林公园管理办法》、本规划确定的原则和森林公园规划进行管理。

——除必要的保护设施和附属设施外,禁止从事与资源保护无关的任何生产建设活动。

——在森林公园内以及可能对森林公园造成影响的周边地区,

禁止进行采石、取土、开矿、放牧以及非抚育和更新性采伐等活动。

——建设旅游设施及其他基础设施等必须符合森林公园规划，逐步拆除违反规划建设的设施。

——根据资源状况和环境容量对旅游规模进行有效控制，不得对森林及其他野生动植物资源等造成损害。

——不得随意占用、征用和转让林地。

⑤ 国家地质公园 要依据《世界地质公园网络工作指南》、本规划确定的原则和地质公园规划进行管理。

——除必要的保护设施和附属设施外，禁止其他生产建设活动。

——在地质公园及可能对地质公园造成影响的周边地区，禁止进行采石、取土、开矿、放牧、砍伐以及其他对保护对象有损害的活动。

——未经管理机构批准，不得在地质公园范围内采集标本和化石。

六、环境影响评价分类管理名录

环境保护部颁布的《建设项目环境影响评价分类管理名录》，根据建设项目对环境的影响程度，对建设项目的环境影响评价实行分类管理。在建设单位与评价单位开展建设项目环境影响评价工作过程中，应当按照该名录的规定，分别组织编制环境影响报告书、环境影响报告表或者填报环境影响登记表。

1. 环境敏感区的定义

本教材已在第三章中根据分类管理名录以及相关法律法规，对环境敏感区的概念进行了阐述。2015年6月更新后的分类管理名录对环境敏感区的概念进行了一定的调整：环境敏感区是指依法设立的各级各类自然、文化保护地，以及对建设项目的某类污染因子或者生态影响因子特别敏感的区域。具体如下。

——自然保护区、风景名胜区、世界文化和自然遗产地、饮用水水源保护区。

——基本农田保护区、基本草原、森林公园、地质公园、重要湿地、天然林、珍稀濒危野生动植物天然集中分布区、重要水生生物的自然产卵场及索饵场、越冬场和洄游通道、天然渔场、资源型缺水地区、水土流失重点防治区、沙化土地封禁保护区、封闭及半封闭海域、富营养化水域。

——以居住、医疗卫生、文化教育、科研、行政办公等为主要功能的区域，文物保护单位，具有特殊历史、文化、科学、民族意义的保护地。

2. 技术内容

① 建设项目所处环境的敏感性质和敏感程度，是确定建设项目环境影响评价类别的重要依据。

建设涉及环境敏感区的项目，应当严格按照名录确定其环境影响评价类别，不得擅自提高或者降低环境影响评价类别。环境影响评价文件应当就该项目对环境敏感区的影响作重点分析。

② 跨行业、复合型建设项目，其环境影响评价类别按其中单项等级最高的确定。

③ 名录未作规定的建设项目，其环境影响评价类别由省级环境保护行政主管部门根据建设项目的污染因子、生态影响因子特征及其所处环境的敏感性质和敏感程度提出建议，报国务院环境保护行政主管部门认定。

④ 名录由国务院环境保护行政主管部门负责解释，并适时修订公布。

3. 名录条目及内容

名录结合了国民经济行业分类以及环境影响评价资质的行业范围分类，主要对 23 大类的建设项目按照其建设内容、规模、工艺以及涉及环境敏感区情况等进行了分类管理的规定，详见本教材附录。

第二节 产 业 政 策

为使我国国民经济按照可持续发展战略的原则,在适应国内市场的需求和有利于开拓国际市场的条件下,改善投资结构,促进产业的技术进步,有利于节约资源和改善生态环境,促进经济结构的合理化,从而使各产业部门得以协调、有序、持续、快速、健康地发展,实现国家对经济的宏观调控而制定的有关政策,通称为产业政策。

各项产业政策是为适应某一特定时期某些要求而制定的政策。随着时间的推移,国民经济的发展,科学技术的进步,新技术、新工艺、新产品的开发,以及环境保护的要求,国家将对有关产业政策予以废止、修订或新增。因此,在工作中应密切关注国家经济发展的方向,注意有关产业政策的变化,以免出现项目建设定位与导向性的差错。

一、产业结构调整的意义

(1) 产业结构调整是抑制低端产品产能过剩、推进产业结构优化升级的迫切要求

长期以来,由于新产品、新技术开发不足,近年来各地盲目投资、重复建设,造成低端产品产能过剩的势头进一步加剧。不加快结构调整,不严格控制低端产品盲目扩张和重复建设,不大力提高产品的专用化和精细化率,就难以推进产业结构的优化升级、提升产业的竞争能力和整体水平。

(2) 产业结构调整是提高资源能源利用效率、缓解资源能源资源以及生态环境压力的有效途径

加快结构调整,严格控制高耗能产业和产品在行业的比重,提高资源能源的利用效率,才能有效缓解资源能源紧缺对行业发展造

成的压力。产业结构的调整以行政手段，促进企业采用先进生产管理和环境管理手段，从而降低生产过程中的能源与资源消耗，实现减少环境污染，保护生态环境的目的。

(3) 产业结构调整是推行清洁生产、实现行业可持续发展的必然选择

各项产业要实现可持续发展，就必须实施清洁生产，通过推进结构调整，淘汰落后产能，限制高消耗、高污染产品的发展，来转变粗放的发展理念和模式。

(4) 产业结构调整是优化产业的时空布局、提高产业集中度的重要手段

我国炼油、化肥、农药、甲醇、电石、氯碱、纯碱等行业的企业数量都多达数百家甚至上千家，产能总和位居世界前列，但企业平均规模却远低于世界先进水平。部分资源型产品生产远离原料产地，而一些污染排放量较大的企业又集中在环境容量较小的地区。只有加快结构调整，鼓励、支持和引导企业实施兼并重组特别是跨地区的兼并重组，促进企业做强做大，才能完善产业布局，实现资源的有效配置，增强企业竞争力和抗风险能力。

二、产业结构调整的相关规定

(一) 促进产业结构调整暂行规定和产业结构调整指导目录

1. 促进产业结构调整暂行规定

为制止低水平重复建设，防止环境污染，加快结构调整步伐，促进生产公益、装备和产品的升级换代，自1999年1月至2002年6月，经国务院批准，原国家经贸委前后公布了三批《淘汰落后生产能力、工艺和产品目录》。该目录涉及各行各业中违反国家法律法规、生产方式落后、产品质量低劣、环境污染严重、原材料和能源消耗高的落后生产能力、工艺和产品，给出了明确具体的内容和淘汰期限。

2005年12月2日,国务院颁布了《促进产业结构调整暂行规定》(国发〔2005〕40号)。该规定自发布之日起施行。原国家计委、国家经贸委发布的《当前国家重点鼓励发展的产业、产品和技术目录(2000年修订)》,原国家经贸委发布的《淘汰落后生产能力、工艺和产品的目录(第一批、第二批、第三批)》和《工商投资领域制止重复建设目录(第一批)》同时废止。

制定和实施《促进产业结构调整暂行规定》,是贯彻落实党的十六届五中全会精神,实现环境规划目标的一项重要举措,对于全面落实科学发展观,加强和改善宏观调控,进一步转变经济增长方式,推进产业结构调整和优化升级,保持国民经济平稳较快发展具有重要意义。其主要内容如下。

(1) 产业结构调整的原则

坚持市场调节和政府引导相结合。充分发挥市场配置资源的基础性作用,加强国家产业政策的合理引导,实现资源优化配置。

以自主创新提升产业技术水平。把增强自主创新能力作为调整产业结构的中心环节,建立以企业为主体、市场为导向、产学研相结合的技术创新体系,大力提高原始创新能力、集成创新能力和引进消化吸收再创新能力,提升产业整体技术水平。

坚持走新型工业化道路。以信息化带动工业化,以工业化促进信息化,走科技含量高、经济效益好、资源消耗低、环境污染少、安全有保障、人力资源优势得到充分发挥的发展道路,努力推进经济增长方式的根本转变。

促进产业协调健康发展。发展先进制造业,提高服务业比重和水平,加强基础设施建设,优化城乡区域产业结构和布局,优化对外贸易和利用外资结构,维护群众合法权益,努力扩大就业,推进经济社会协调发展。

(2) 产业结构调整的方向和重点

① 巩固和加强农业基础地位,加快传统农业向现代农业转变 加快农业科技进步,加强农业设施建设,调整农业生产结构,转变农业增长方式,提高农业综合生产能力。稳定发展粮食生产,

加快实施优质粮食产业工程,建设大型商品粮生产基地,确保粮食安全。优化农业生产布局,推进农业产业化经营,加快农业标准化,促进农产品加工转化增值,发展高产、优质、高效、生态、安全农业。大力发展畜牧业,提高规模化、集约化、标准化水平,保护天然草场,建设饲料草场基地。积极发展水产业,保护和合理利用渔业资源,推广绿色渔业养殖方式,发展高效生态养殖业。因地制宜发展原料林、用材林基地,提高木材综合利用率。加强农田水利建设,改造中低产田,搞好土地整理。提高农业机械化水平,健全农业技术推广、农产品市场、农产品质量安全和动植物病虫害防控体系。积极推行节水灌溉,科学使用肥料、农药,促进农业可持续发展。

② 加强能源、交通、水利和信息等基础设施建设,增强对经济社会发展的保障能力 坚持节约优先、立足国内、煤为基础、多元发展,优化能源结构,构筑稳定、经济、清洁的能源供应体系。以大型高效机组为重点优化发展煤电,在生态保护的基础上有序开发水电,积极发展核电,加强电网建设,优化电网结构,扩大西电东送规模。建设大型煤炭基地,调整改造中小煤矿,坚决淘汰不具备安全生产条件和浪费破坏资源的小煤矿,加快实施煤矸石、煤层气、矿井水等资源综合利用,鼓励煤电联营。实行油气并举,加大石油、天然气资源勘探和开发利用力度,扩大境外合作开发,加快油气领域基础设施建设。积极扶持和发展新能源和可再生能源产业,鼓励石油替代资源和清洁能源的开发利用,积极推进洁净煤技术产业化,加快发展风能、太阳能、生物质能等。

以扩大网络为重点,形成便捷、通畅、高效、安全的综合交通运输体系。坚持统筹规划、合理布局,实现铁路、公路、水运、民航、管道等运输方式优势互补,相互衔接,发挥组合效率和整体优势。加快发展铁路、城市轨道交通,重点建设客运专线、运煤通道、区域通道和西部地区铁路。完善国道主干线、西部地区公路干线,建设国家高速公路网,大力推进农村公路建设。优先发展城市公共交通。加强集装箱、能源物资、矿石深水码头建设,发展内河航运。扩充大型机场，完善中型机场，增加小型机场，构建布局合理、规模适当、功能完备、协调发展的机场体系。加强管道运输建设。

加强水利建设，优化水资源配置。统筹上下游、地表地下水资源调配、控制地下水开采，积极开展海水淡化。加强防洪抗旱工程建设，以堤防加固和控制性水利枢纽等防洪体系为重点，强化防洪减灾薄弱环节建设，继续加强大江大河干流堤防、行蓄洪区、病险水库除险加固和城市防洪骨干工程建设，建设南水北调工程。加大人畜饮水工程和灌区配套工程建设改造力度。

加强宽带通信网、数字电视网和下一代互联网等信息基础设施建设，推进"三网融合"，健全信息安全保障体系。

③ 以振兴装备制造业为重点发展先进制造业，发挥其对经济发展的重要支撑作用 装备制造业要依托重点建设工程，通过自主创新、引进技术、合作开发、联合制造等方式，提高重大技术装备国产化水平，特别是在高效清洁发电和输变电、大型石油化工、先进适用运输装备、高档数控机床、自动化控制、集成电路设备、先进动力装备、节能降耗装备等领域实现突破，提高研发设计、核心元器件配套、加工制造和系统集成的整体水平。

坚持以信息化带动工业化，鼓励运用高技术和先进适用技术改造提升制造业，提高自主知识产权、自主品牌和高端产品比重。根据能源、资源条件和环境容量，着力调整原材料工业的产品结构、企业组织结构和产业布局，提高产品质量和技术含量。支持发展冷轧薄板、冷轧硅钢片、高浓度磷肥、高效低毒低残留农药、乙烯、精细化工、高性能差别化纤维。促进炼油、乙烯、钢铁、水泥、造纸向基地化和大型化发展。加强铁、铜、铝等重要资源的地质勘查，增加资源地质储量，实行合理开采和综合利用。

④ 加快发展高技术产业，进一步增强高技术产业对经济增长的带动作用 增强自主创新能力，努力掌握核心技术和关键技术，大力开发对经济社会发展具有重大带动作用的高新技术，支持开发重大产业技术，制定重要技术标准，构建自主创新的技术基础，加

快高技术产业从以加工装配为主向自主研发制造延伸。按照产业聚集、规模化发展和扩大国际合作的要求,大力发展信息、生物、新材料、新能源、航空航天等产业,培育更多新的经济增长点。优先发展信息产业,大力发展集成电路、软件等核心产业,重点培育数字化音视频、新一代移动通信、高性能计算机及网络设备等信息产业群,加强信息资源开发和共享,推进信息技术的普及和应用。充分发挥我国特有的资源优势和技术优势,重点发展生物农业、生物医药、生物能源和生物化工等生物产业。加快发展民用航空、航天产业,推进民用飞机、航空发动机及机载系统的开发和产业化,进一步发展民用航天技术和卫星技术。积极发展新材料产业,支持开发具有技术特色以及可发挥我国比较优势的光电子材料、高性能结构和新型特种功能材料等产品。

⑤ 提高服务业比重,优化服务业结构,促进服务业全面快速发展 坚持市场化、产业化、社会化的方向,加强分类指导和有效监管,进一步创新、完善服务业发展的体制和机制,建立公开、平等、规范的行业准入制度。发展竞争力较强的大型服务企业集团,大城市要把发展服务业放在优先地位,有条件的要逐步形成以服务经济为主的产业结构。增加服务品种,提高服务水平,增强就业能力,提升产业素质。大力发展金融、保险、物流、信息和法律服务、会计、知识产权、技术、设计、咨询服务等现代服务业,积极发展文化、旅游、社区服务等需求潜力大的产业,加快教育培训、养老服务、医疗保健等领域的改革和发展。规范和提升商贸、餐饮、住宿等传统服务业,推进连锁经营、特许经营、代理制、多式联运、电子商务等组织形式和服务方式。

⑥ 大力发展循环经济,建设资源节约和环境友好型社会,实现经济增长与人口资源环境相协调 坚持开发与节约并重、节约优先的方针,按照减量化、再利用、资源化原则,大力推进节能节水节地节材,加强资源综合利用,全面推行清洁生产,完善再生资源回收利用体系,形成低投入、低消耗、低排放和高效率的节约型增长方式。积极开发推广资源节约、替代和循环利用技术和产品,重

点推进钢铁、有色、电力、石化、建筑、煤炭、建材、造纸等行业节能降耗技术改造，发展节能省地型建筑，对消耗高、污染重、危及安全生产、技术落后的工艺和产品实施强制淘汰制度，依法关闭破坏环境和不具备安全生产条件的企业。调整高耗能、高污染产业规模，降低高耗能、高污染产业比重。鼓励生产和使用节约性能好的各类消费品，形成节约资源的消费模式。大力发展环保产业，以控制不合理的资源开发为重点，强化对水资源、土地、森林、草原、海洋等的生态保护。

⑦ 优化产业组织结构，调整区域产业布局　提高企业规模经济水平和产业集中度，加快大型企业发展，形成一批拥有自主知识产权、主业突出、核心竞争力强的大公司和企业集团。充分发挥中小企业的作用，推动中小企业与大企业形成分工协作关系，提高生产专业化水平，促进中小企业技术进步和产业升级。充分发挥比较优势，积极推动生产要素合理流动和配置，引导产业集群化发展。西部地区要加强基础设施建设和生态环境保护，健全公共服务，结合本地资源优势发展特色产业，增强自我发展能力。东北地区要加快产业结构调整和国有企业改革改组改造，发展现代农业，着力振兴装备制造业，促进资源枯竭型城市转型。中部地区要抓好粮食主产区建设，发展有比较优势的能源和制造业，加强基础设施建设，加快建立现代市场体系。东部地区要努力提高自主创新能力，加快实现结构优化升级和增长方式转变，提高外向型经济水平，增强国际竞争力和可持续发展能力。从区域发展的总体战略布局出发，根据资源环境承载能力和发展潜力，实行优化开发、重点开发、限制开发和禁止开发等有区别的区域产业布局。

⑧ 实施互利共赢的开放战略，提高对外开放水平，促进国内产业结构升级　加快转变对外贸易增长方式，扩大具有自主知识产权、自主品牌的商品出口，控制高能耗高污染产品的出口，鼓励进口先进技术设备和国内短缺资源。支持有条件的企业"走出去"，在国际市场竞争中发展壮大，带动国内产业发展。提高加工贸易的产业层次，增强国内配套能力。大力发展服务贸易，继续开放服务

市场，有序承接国际现代服务业转移。提高利用外资的质量和水平，着重引进先进技术、管理经验和高素质人才，注重引进技术的消化吸收和创新提高。吸引外资能力较强的地区和开发区，要着重提高生产制造层次，并积极向研究开发、现代物流等领域拓展。

2. 产业结构调整指导目录

《产业结构调整指导目录（2011年本）》由鼓励、限制和淘汰三类目录组成。不属于鼓励类、限制类和淘汰类，且符合国家有关法律、法规和政策规定的，为允许类。允许类不列入《产业结构调整指导目录（2011年本）》。

① 鼓励类主要是对经济社会发展有重要促进作用，有利于节约资源、保护环境、产业结构优化升级，需要采取政策措施予以鼓励和支持的关键技术、装备及产品。

② 限制类主要是生产工艺落后，不符合行业准入条件和有关规定，不利于产业结构优化升级，需要督促改造和禁止新建的生产能力、工艺技术、装备及产品。

③ 淘汰类主要是不符合有关法律、法规规定，严重浪费资源、污染环境、不具备安全生产条件，需要淘汰的落后工艺技术、装备及产品。

④ 对属于限制类的新建项目，禁止投资。投资管理部门不予审批、核准或备案，各金融机构不得发放贷款，土地管理、城市规划和建设、环境保护、质检、消防、海关、工商等部门不得办理有关手续。凡违反规定进行投融资建设的，要追究有关单位和人员的责任。

（二）国务院关于加快推进产能过剩行业结构调整的通知

推进经济结构战略性调整，提升产业国际竞争力，是"十一五"时期重大而艰巨的任务。当前，部分行业盲目投资、低水平扩张导致生产能力过剩，已经成为经济运行的一个突出问题，如果不抓紧解决，将会进一步加剧产业结构不合理的矛盾，影响经济持续快速协调健康发展。为加快推进产能过剩行业的结构调整,2006年3月20日国务院发布了《国务院关于加快推进产能过剩行业结构调整的通知》(国发[2006]11号)。其主要内容如下。

(1) 推进产能过剩行业结构调整的总体要求和原则

加快推进产能过剩行业结构调整的总体要求是:坚持以科学发展观为指导,依靠市场,因势利导,控制增能,优化结构,区别对待,扶优汰劣,力争今年迈出实质性步伐,经过几年努力取得明显成效。在具体工作中要注意把握好以下原则。

① 充分发挥市场配置资源的基础性作用 坚持以市场为导向,利用市场约束和资源约束增强的"倒逼"机制,促进总量平衡和结构优化。调整和理顺资源产品价格关系,更好地发挥价格杠杆的调节作用,推动企业自主创新、主动调整结构。

② 综合运用经济、法律手段和必要的行政手段 加强产业政策引导、信贷政策支持、财税政策调节,推动行业结构调整。提高并严格执行环保、安全、技术、土地和资源综合利用等市场准入标准,引导市场投资方向。完善并严格执行相关法律、法规,规范企业和政府行为。

③ 坚持区别对待,促进扶优汰劣 根据不同行业、不同地区、不同企业的具体情况,分类指导、有保有压。坚持扶优与汰劣结合,升级改造与淘汰落后结合,兼并重组与关闭破产结合。合理利用和消化一些已经形成的生产能力,进一步优化企业结构和布局。

④ 健全持续推进结构调整的制度保障 把解决当前问题和长远问题结合起来,加快推进改革,消除制约结构调整的体制性、机制性障碍,有序推进产能过剩行业的结构调整,促进经济持续快速健康发展。

(2) 推进产能过剩行业结构调整的重点措施

推进产能过剩行业结构调整,关键是要发挥市场配置资源的基础性作用,充分利用市场的力量推动竞争,促进优胜劣汰。各级政府在结构调整中的作用,一方面是通过深化改革,规范市场秩序,为发挥市场机制作用创造条件;另一方面是综合运用经济、法律和必要的行政手段,加强引导,积极推动。2006年,要通过重组、改造、淘汰等方法,推动产能过剩行业加快结构调整步伐。

① 切实防止固定资产投资反弹 这是顺利推进产能过剩行业结构调整的重要前提。一旦投资重新膨胀,落后产能将死灰复燃,总量过剩和结构不合理矛盾不但不能解决,反而会越来越突出。要继续贯彻中央关于宏观调控的政策,严把土地、信贷两个闸门,严格控制固定资产投资规模,为推进产能过剩行业结构调整创造必要的前提条件和良好的环境。

② 严格控制新上项目 根据有关法律、法规,制定更加严格的环境、安全、能耗、水耗、资源综合利用和质量、技术、规模等标准,提高准入门槛。区别对待在建和拟建项目情况,继续进行清理整顿;对不符合国家有关规划、产业政策、供地政策、环境保护、安全生产等市场准入条件的项目,依法停止建设;对拒不执行的,要采取经济、法律和必要的行政手段,并追究有关人员责任。原则上不批准建设新的钢厂,对个别结合搬迁、淘汰落后生产能力的钢厂项目,要从严审批。提高煤炭开采的井型标准,明确必须达到的回采率和安全生产条件。所有新建汽车整车生产企业和现有企业跨产品类别的生产投资项目,除满足产业政策要求外,还要满足自主品牌、自主开发产品的条件;现有企业异地建厂,还必须满足产销量达到批准产能80%以上的要求。提高利用外资质量,禁止技术和安全水平低、能耗物耗高、污染严重的外资项目进入。

③ 淘汰落后生产能力 依法关闭一批破坏资源、污染环境和不具备安全生产条件的小企业,分期分批淘汰一批落后生产能力,对淘汰的生产设备进行废毁处理。逐步淘汰立窑等落后的水泥生产能力;关闭淘汰敞开式和生产能力低于1万吨的小电石炉;尽快淘汰5000千伏安以下铁合金矿热炉(特种铁合金除外)、100立方米以下铁合金高炉;淘汰300立方米以下炼铁高炉和20吨以下炼钢转炉、电炉;彻底淘汰土焦和改良焦设施;逐步关停小油机和5万千瓦及以下凝汽式燃煤小机组;淘汰达不到产业政策规定规模和安全标准的小煤矿。

④ 推进技术改造　支持符合产业政策和技术水平高、对产业升级有重大作用的大型企业技术改造项目。围绕提升技术水平、改善品种、保护环境、保障安全、降低消耗、综合利用等，对传统产业实施改造提高。推进火电机组以大代小、上煤压油等工程。支持汽车生产企业加强研发体系建设，在消化引进技术的基础上，开发具有自主知识产权的技术。支持纺织关键技术、成套设备的研发和产业集群公共创新平台、服装自主品牌的建设。支持大型钢铁集团的重大技改和新产品项目，加快开发取向冷轧硅钢片技术，提升汽车板生产水平，推进大型冷、热连轧机组国产化。支持高产高效煤炭矿井建设和煤矿安全技术改造。

⑤ 促进兼并重组　按照市场原则，鼓励有实力的大型企业集团，以资产、资源、品牌和市场为纽带实施跨地区、跨行业的兼并重组，促进产业的集中化、大型化、基地化。推动优势大型钢铁企业与区域内其他钢铁企业的联合重组，形成若干年产3000万吨以上的钢铁企业集团。鼓励大型水泥企业集团对中小水泥厂实施兼并、重组、联合，增强在区域市场上的影响力。突破现有焦化企业的生产经营格局，实施与钢铁企业、化工企业的兼并联合，向生产与使用一体化、经营规模化、产品多样化、资源利用综合化方向发展。支持大型煤炭企业收购、兼并、重组和改造一批小煤矿，实现资源整合，提高回采率和安全生产水平。

⑥ 加强信贷、土地、建设、环保、安全等政策与产业政策的协调配合　认真贯彻落实《国务院关于发布实施〈促进产业结构调整暂行规定〉的决定》（国发［2005］40号），抓紧细化各项政策措施。对已经出台的钢铁、电解铝、煤炭、汽车等行业发展规划和产业政策，要强化落实，加强检查，在实践中不断完善。对尚未出台的行业发展规划和产业政策，要抓紧制定和完善，尽快出台。金融机构和国土资源、环保、安全监管等部门要严格依据国家宏观调控和产业政策的要求，优化信贷和土地供应结构，支持符合国家产业政策、市场准入条件的项目和企业的土地、信贷供应，同时要防止信贷投放大起大落，积极支持市场前景好、有效益、有助于形成

规模经济的兼并重组;对不符合国家产业政策、供地政策、市场准入条件、国家明令淘汰的项目和企业,不得提供贷款和土地,城市规划、建设、环保和安全监管部门不得办理相关手续。坚决制止用压低土地价格、降低环保和安全标准等办法招商引资、盲目上项目。完善限制高耗能、高污染、资源性产品出口的政策措施。

⑦ 深化行政管理和投资体制、价格形成和市场退出机制等方面的改革 按照建设社会主义市场经济体制的要求,继续推进行政管理体制和投资体制改革,切实实行政企分开,完善和严格执行企业投资的核准和备案制度,真正做到投资由企业自主决策、自担风险、银行独立审贷;积极稳妥地推进资源性产品价格改革,健全反映市场供求状况、资源稀缺程度的价格形成机制,建立和完善生态补偿责任机制;建立健全落后企业退出机制,在人员安置、土地使用、资产处置以及保障职工权益等方面,制定出台有利于促进企业兼并重组和退出市场,有利于维护职工合法权益的改革政策;加快建立健全维护市场公平竞争的法律、法规体系,打破地区封锁和地方保护。

⑧ 健全行业信息发布制度 有关部门要完善统计、监测制度,做好对产能过剩行业运行动态的跟踪分析。要尽快建立判断产能过剩衡量指标和数据采集系统,并有计划、分步骤建立定期向社会披露相关信息的制度,引导市场投资预期。加强对行业发展的信息引导,发挥行业协会的作用,搞好市场调研,适时发布产品供求、现有产能、在建规模、发展趋势、原材料供应、价格变化等方面的信息;同时,还要密切关注其他行业生产、投资和市场供求形势的发展变化,及时发现和解决带有苗头性、倾向性的问题,防止其他行业出现产能严重过剩。

三、关于抑制部分行业产能过剩和重复建设 引导产业健康发展若干意见

为切实将党中央、国务院应对国际金融危机的一揽子计划落到实处,巩固和发展当前经济企稳向好的势头,加快推动结构调整,

坚决抑制部分行业的产能过剩和重复建设，引导新兴产业有序发展，2009年9月国务院批转了发展改革委、工业和信息化部、监察部、财政部、国土资源部、环境保护部、人民银行、质检总局、银监会、证监会十部门《关于抑制部分行业产能过剩和重复建设 引导产业健康发展若干意见》。其主要内容如下。

1. 部分行业产能过剩和重复建设问题需引起高度重视

为应对国际金融危机的冲击和影响，党中央、国务院审时度势，及时制定和实施了扩大内需、促进经济增长的一揽子计划。按照"保增长、扩内需、调结构"的总体要求，出台了钢铁等十个重点产业调整和振兴规划，在推动结构调整方面提出了控制总量、淘汰落后、兼并重组、技术改造、自主创新等一系列对策措施，各地也相继出台了一些扶持产业发展的政策措施。目前政策效应已初步显现，工业增速稳中趋升，企业生产经营困难情况有所缓解，产业发展总体向好。

但从当前产业发展状况看，结构调整虽取得一定进展，但总体进展不快，各地区、各行业也不平衡。不少领域产能过剩、重复建设问题仍很突出，有的甚至还在加剧。特别需要关注的是，不仅钢铁、水泥等产能过剩的传统产业仍在盲目扩张，风电设备、多晶硅等新兴产业也出现了重复建设倾向，一些地区违法、违规审批，未批先建、边批边建现象又有所抬头。

此外，电解铝、造船、大豆压榨等行业产能过剩矛盾也十分突出，一些地区和企业还在规划新上项目。目前，全球范围内电解铝供过于求，我国电解铝产能为1800万吨，占全球42.9%，产能利用率仅为73.2%；我国造船能力为6600万载重吨，占全球36%，而2008年国内消费量仅为1000万载重吨左右，70%以上产量靠出口；大型锻件存在着产能过剩的隐忧；化肥行业氮肥和磷肥自给有余，钾肥严重短缺，产业结构亟待进一步优化。

2. 正确把握抑制产能过剩和重复建设的政策导向

当前，我国经济正处于企稳回升的关键时期，必须认真贯彻落实科学发展观,进一步统一思想,增强忧患意识,在保增长中更加注重推进结构调整,将坚决抑制部分行业产能过剩和重复建设作为结构调整的重点工作抓紧、抓实,抓出成效。抑制产能过剩和重复建设所涉及的行业具有很强的市场性和全球资源配置特点,既要充分发挥市场机制的作用,又要辅之以必要的调控措施,并注意把握好以下原则和产业政策导向。

(1) 主要原则

一是控制增量和优化存量相结合。严格控制产能过剩行业盲目扩张和重复建设,推进企业兼并重组和联合重组,加快淘汰落后产能;结合实施"走出去"战略,支持有条件的企业转移产能,形成参与国际产业竞争的新格局;依靠技术进步,优化存量,调整产品结构,谋求有效益、有质量、可持续的发展。

二是分类指导和有保有压相结合。对钢铁、水泥等高耗能、高污染产业,要坚决控制总量、抑制产能过剩;鼓励发展高技术、高附加值、低消耗、低排放的新工艺和新产品,延长产业链,形成新的增长点。对多晶硅、风电设备等新兴产业,要集中有效资源,支持企业提高关键环节和关键部件自主创新能力,积极开展产业化示范,防止投资过热和重复建设,引导有序发展。

三是培育新兴产业和提升传统产业相结合。立足于新一轮国际竞争和可持续发展的需要,尽快培育一批科技含量高、发展潜力大、带动作用强的新兴产业,及时制定出台专项产业政策和规划,明确技术装备路线,建立和完善准入标准;抓紧改造提升传统产业,及时修订产业政策,提高准入标准,对结构调整给予明确产业政策引导。

四是市场引导和宏观调控相结合。加强行业产销形势的监测、分析和国内外市场需求的信息发布,发挥市场配置资源的基础性作用;综合运用法律、经济、技术、标准以及必要的行政手段,协调产业、环保、土地和金融政策,形成抑制产能过剩、引导产业健康发展的合力;同时,坚持深化改革,标本兼治,通过体制机制创新解决重复建设的深层次矛盾。

(2) 产业政策导向

① 钢铁　充分利用当前市场倒逼机制，在减少或不增加产能的前提下，通过淘汰落后、联合重组和城市钢厂搬迁，加快结构调整和技术进步，推动钢铁工业实现由大到强的转变。不再核准和支持单纯新建、扩建产能的钢铁项目。严禁各地借等量淘汰落后产能之名，避开国家环保、土地和投资主管部门的监管、审批，自行建设钢铁项目。重点支持有条件的大型钢铁企业发展百万千瓦火电及核电用特厚板和高压锅炉管、25万千伏安以上变压器用高磁感低铁损取向硅钢、高档工模具钢等关键品种。尽快完善建筑用钢标准及设计规范，加快淘汰强度335兆帕以下热轧带肋钢筋，推广强度400兆帕及以上钢筋，促进建筑钢材升级换代。2011年底前，坚决淘汰400立方米及以下高炉、30吨及以下转炉和电炉，碳钢企业吨钢综合能耗应低于620千克标准煤，吨钢耗用新水量低于5吨，吨钢烟粉尘排放量低于1.0千克，吨钢二氧化硫排放量低于1.8千克，二次能源基本实现100%回收利用。

② 水泥　严格控制新增水泥产能，执行等量淘汰落后产能的原则，对2009年9月30日前尚未开工水泥项目一律暂停建设并进行一次认真清理，对不符合上述原则的项目严禁开工建设。各省（区、市）必须尽快制定三年内彻底淘汰落后产能时间表。支持企业在现有生产线上进行余热发电、粉磨系统节能改造和处置工业废弃物、城市污泥及垃圾等。新项目水泥熟料烧成热耗要低于105公斤标煤/吨熟料，水泥综合电耗小于90千瓦时/吨水泥；石灰石储量服务年限必须满足30年以上；废气粉尘排放浓度小于50毫克/标准立方米。落后水泥产能比较多的省份，要加大对企业联合重组的支持力度，通过等量置换落后产能建设新线，推动淘汰落后工作。

③ 平板玻璃　严格控制新增平板玻璃产能，遵循调整结构、淘汰落后、市场导向、合理布局的原则，发展高档用途及深加工玻璃。对现有在建项目和未开工项目进行认真清理，对所有拟建的玻璃项目，各地方一律不得备案。各省（区、市）要制定三年内彻底

淘汰"平拉法"（含格法）落后平板玻璃产能时间表。新项目能源消耗应低于 16.5 公斤标煤/重箱；硅质原料的选矿回收率要达到 80% 以上；严格环保治理措施，二氧化硫排放低于 500 毫克/标准立方米、氮氧化物排放低于 700 毫克/标准立方米、颗粒物排放浓度低于 50 毫克/标准立方米。鼓励企业联合重组，在符合规划的前提下，支持大企业集团发展电子平板显示玻璃、光伏太阳能玻璃、低辐射镀膜等技术含量高的玻璃以及优质浮法玻璃项目。

④ 煤化工　要严格执行煤化工产业政策，遏制传统煤化工盲目发展，今后三年停止审批单纯扩大产能的焦炭、电石项目。禁止建设不符合《焦化行业准入条件（2008 年修订)》和《电石行业准入条件（2007 年修订)》的焦化、电石项目。综合运用节能环保等标准提高准入门槛，加强清洁生产审核，实施差别电价等手段，加快淘汰落后产能。对焦炭和电石实施等量替代方式，淘汰不符合准入条件的落后产能。对合成氨和甲醇实施上大压小、产能置换等方式，降低成本，提高竞争力。稳步开展现代煤化工示范工程建设，今后三年原则上不再安排新的现代煤化工试点项目。

⑤ 多晶硅　研究扩大光伏市场国内消费的政策，支持用国内多晶硅原料生产的太阳能电池以满足国内需求为主，兼顾国际市场。严格控制在能源短缺、电价较高的地区新建多晶硅项目，对缺乏配套综合利用、环保不达标的多晶硅项目不予核准或备案；鼓励多晶硅生产企业与下游太阳能电池生产企业加强联合与合作，延伸产业链。新建多晶硅项目规模必须大于 3000 吨/年，占地面积小于 6 万平方米/千吨多晶硅，太阳能级多晶硅还原电耗小于 60 千瓦时/千克，还原尾气中四氯化硅、氯化氢、氢气回收利用率不低于 98.5%、99%、99%；引导、支持多晶硅企业以多种方式实现多晶硅—电厂—化工联营，支持节能环保太阳能级多晶硅技术开发，降低生产成本。到 2011 年前，淘汰综合电耗大于 200 千瓦时/千克的多晶硅产能。

⑥ 风电设备　抓住大力发展风电等可再生能源的历史机遇，把我国的风电装备制造业培育成具有自主创新能力和国际竞争力的

新兴产业。严格控制风电装备产能盲目扩张,鼓励优势企业做大做强,优化产业结构,维护市场秩序。原则上不再核准或备案建设新的整机制造厂;严禁风电项目招标中设立要求投资者使用本地风电装备、在当地投资建设风电装备制造项目的条款;建立和完善风电装备标准、产品检测和认证体系,禁止落后技术产品和非准入企业产品进入市场。依托优势企业和科研院所,加强风电技术路线和海上风电技术研究,重点支持自主研发 2.5 兆瓦及以上风电整机和轴承、控制系统等关键零部件及产业化示范,完善质量控制体系。积极推进风电装备产业大型化、国际化,培育具有国际竞争力的风电装备制造业。

此外,严格执行国家产业政策,今后三年原则上不再核准新建、扩建电解铝项目。现有重点骨干电解铝厂吨铝直流电耗要下降到 12500 千瓦时以下,吨铝外排氟化物量大幅减少,到 2010 年底淘汰落后小预焙槽电解铝产能 80 万吨。要严格执行船舶工业调整和振兴规划及船舶工业中长期发展规划,今后三年各级土地、海洋、环保、金融等相关部门不再受理新建船坞、船台项目的申请,暂停审批现有造船企业船坞、船台的扩建项目,要优化存量,引导企业利用现有造船设施发展海洋工程装备。

3. 坚决抑制产能过剩和重复建设的环境监管措施

推进开展区域产业规划的环境影响评价。区域内的钢铁、水泥、平板玻璃、传统煤化工、多晶硅等高耗能、高污染项目环境影响评价文件必须在产业规划环评通过后才能受理和审批。未通过环境评价审批的项目一律不准开工建设。环境保护部门要切实负起监管责任,定期发布环保不达标的生产企业名单。对使用有毒、有害原料进行生产或者在生产中排放有毒、有害物质的企业限期完成清洁生产审核,对达不到排放标准或超过排污总量指标的生产企业实行限期治理,未完成限期治理任务的,依法予以关闭。对主要污染物排放超总量控制指标的地区,要暂停增加主要污染物排放项目的环评审批。

此外,《关于抑制部分行业产能过剩和重复建设引导产业健康发展若干意见》中还提出了严格市场准入、依法依规供地用地、实行有保有控的金融政策、严格项目审批管理、做好企业兼并重组工作、建立信息发布制度、实行问责制、深化体制改革等一系列抑制产能过剩和重复建设的对策措施。

四、外商投资产业指导目录

2011年12月,国家发展和改革委员会、商务部联合发布了《外商投资产业指导目录(2011年修订)》,目录分为鼓励外商投资产业目录、限制外商投资产业目录和禁止外商投资产业目录。其中,禁止外商投资产业目录主要包括以下内容。

1. 农、林、牧、渔业

① 我国稀有和特有的珍贵优良品种的研发、养殖、种植以及相关繁殖材料的生产(包括种植业、畜牧业、水产业的优良基因)。

② 转基因生物研发和转基因农作物种子、种畜禽、水产苗种生产。

③ 我国管辖海域及内陆水域水产品捕捞。

2. 采矿业

(1) 钨、钼、锡、锑、萤石勘查、开采

(2) 稀土的勘查、开采、选矿

(3) 放射性矿产的勘查、开采、选矿

3. 制造业

(1) 饮料制造业
我国传统工艺的绿茶及特种茶加工(名茶、黑茶等)。

(2) 医药制造业
①列入《野生药材资源保护条例》和《中国珍稀、濒危保护植物名录》的中药材加工;②中药饮片的蒸、炒、炙、煅等炮制技术

的应用及中成药保密处方产品的生产。

(3) 有色金属冶炼及压延加工业

放射性矿产的冶炼、加工。

(4) 专用设备制造业

武器弹药制造。

(5) 电气机械及器材制造业

开口式（即酸雾直接外排式）铅酸电池、含汞扣式氧化银电池、含汞扣式碱性锌锰电池、糊式锌锰电池、镉镍电池制造。

(6) 工业品及其他制造业

①象牙雕刻；②虎骨加工；③脱胎漆器生产；④珐琅制品生产；⑤宣纸、墨锭生产；⑥致癌、致畸、致突变产品和持久性有机污染物产品生产。

4. 电力、煤气及水的生产和供应业

小电网外，单机容量 30 万千瓦及以下燃煤凝汽火电站、单机容量 10 万千瓦及以下燃煤凝汽抽汽两用热电联产电站的建设、经营。

5. 交通运输、仓储和邮政业

(1) 空中交通管制公司

(2) 邮政公司、信件的国内快递业务

6. 租赁和商务服务业

社会调查。

7. 科学研究、技术服务和地质勘查业

(1) 人体干细胞、基因诊断与治疗技术开发和应用

(2) 大地测量、海洋测绘、测绘航空摄影、行政区域界线测绘、地形图和普通地图编制、导航电子地图编制

8. 水利、环境和公共设施管理业

(1) 自然保护区和国际重要湿地的建设、经营

(2) 国家保护的原产于我国的野生动、植物资源开发

9. 教育

义务教育机构，军事、警察、政治和党校等特殊领域教育机构。

10. 文化、体育和娱乐业

（1）新闻机构

（2）图书、报纸、期刊的出版业务

（3）音像制品和电子出版物的出版、制作业务

（4）各级广播电台（站）、电视台（站）、广播电视频道（率）、广播电视传输覆盖网（发射台、转播台、广播电视卫星、卫星上行站、卫星收转站、微波站、监测台、有线广播电视传输覆盖网）

（5）广播电视节目制作经营公司

（6）电影制作公司、发行公司、院线公司

（7）新闻网站、网络视听节目服务、互联网上网服务营业场所、互联网文化经营（音乐除外）

（8）高尔夫球场、别墅的建设、经营

（9）博彩业（含赌博类跑马场）

（10）色情业

（11）其他行业

11. 危害军事设施安全和使用效能的项目

12. 国家和我国缔结或者参加的国际条约规定禁止的其他产业

→ 思考与练习

1. 简述环境政策与产业政策在环境影响评价中的作用。
2. 简述国家环境保护"十二五"规划的主要内容。
3. 简述我国主体功能区划分内容。

第六章　环境影响评价法律法规的具体规定

第一节　环境保护法律的有关规定

现阶段，我国在现代化进程中，始终面临着发展经济与保护环境的双重挑战。改革开放以来，我国的经济建设取得了巨大的成就，综合国力显著提高，人民生活明显改善。但是由于各种原因，对于环境保护而言，我们始终面临着严峻的形势。党和国家历来十分重视环境问题，将保护环境作为我国的一项基本国策，并开始了我国的环境法制建设。

与改革开放同步，经过近20年的努力，我国的环境保护法律体系已经基本形成。我国的环境保护法律，是国家整个法律体系的有机组成部分。根据宪法赋予的使命，环境保护部门法的根本任务可以概括为：保护和改善生活环境与生态环境、防治环境污染和其他公害两个大方面。

除宪法中关于环境保护的原则性条款规定外，我国环境保护领域的主要部门法律包括环境保护综合法、环境保护单行法。在环境影响评价工作中，尤其是建设项目选址与建设的合法性分析工作，应首先考虑它是否符合有关的法律规定与要求。

一、环境保护综合法的规定

《中华人民共和国环境保护法》（以下简称《环境保护法》）于

第六章 环境影响评价法律法规的具体规定

1989年12月26日第七届全国人民代表大会常务委员会第十一次会议通过,同日公布施行。它是我国环境保护法律体系中综合性的实体法,是为保护和改善生活环境与生态环境,防治污染和其他公害,保障人体健康,促进社会主义现代化建设的发展而制定的。对环境保护方面的重大问题进行了全面综合调整,对环境保护的目的、范围、方针政策、基本原则、重要措施、管理制度、组织机构、法律责任等作出了原则规定。

2014年4月24日,十二届全国人大常委会第八次会议表决通过了《环保法修订案》,新法已经于2015年1月1日施行。至此,这部中国环境领域的"基本法",完成了25年来的首次修订。这也让环保法律与时俱进,开始服务于公众对依法建设"美丽中国"的期待。

1. 适用范围及监督管理

《环境保护法》第二条规定了环境的定义:

本法所称环境,是指影响人类生存和发展的各种天然的和经过人工改造的自然因素的总体,包括大气、水、海洋、土地、矿藏、森林、草原、湿地、野生生物、自然遗迹、人文遗迹、自然保护区、风景名胜区、城市和乡村等。

第三条规定了其适用范围:

本法适用于中华人民共和国领域和中华人民共和国管辖的其他海域。

2. 环境保护的监督管理

《环境保护法》第十条明确规定:

国务院环境保护主管部门,对全国环境保护工作实施统一监督管理;县级以上地方人民政府环境保护主管部门,对本行政区域环境保护工作实施统一监督管理。

县级以上人民政府有关部门和军队环境保护部门,依照有关法律的规定对资源保护和污染防治等环境保护工作实施监督管理。

根据上述规定,我国环境保护的监督管理具有两大特点。

① 环境保护行政主管部门对环境保护工作的统一监督管理和各相关部门依照法律规定对环境污染防治和资源保护实施监督管理相结合。

② 中央的监督管理和地方的分级监督管理相结合。

我国环境保护的监督主要通过以下五种手段来实现：法律手段、行政手段、经济手段、教育手段、技术手段。

关于教育与技术手段，《环境保护法》提出了关于促进环境科技发展和加强公众环境保护意识培养的规定。如第七条规定："国家支持环境保护科学技术研究、开发和应用，鼓励环境保护产业发展，促进环境保护信息化建设，提高环境保护科学技术水平。"第九条规定："各级人民政府应当加强环境保护宣传和普及工作，鼓励基层群众性自治组织、社会组织、环境保护志愿者开展环境保护法律法规和环境保护知识的宣传，营造保护环境的良好风气。教育行政部门、学校应当将环境保护知识纳入学校教育内容，培养学生的环境保护意识。"第十二条规定："每年6月5日为环境日。"

3. 对建设项目环境影响评价的有关规定

《环境保护法》第十九条规定：

第十九条　编制有关开发利用规划，建设对环境有影响的项目，应当依法进行环境影响评价。

未依法进行环境影响评价的开发利用规划，不得组织实施；未依法进行环境影响评价的建设项目，不得开工建设。

根据《环境保护法》以及有关环境保护行政法规的要求，对建设项目环境管理的原则要求包含的主要内容如下。

① 建设项目必须执行环境影响评价制度，依法开展环境影响评价工作。

② 环境影响评价文件必须按规定程序审批，批准前应该征求公众意见。

③ 环境影响评价未经审批的建设项目不得建设。

从《环境保护法》颁布到现在，国家陆续制定了其他环境保护法律法规，对建设项目的环境管理作出了新的规定。特别是《中华人民共和国环境影响评价法》和《建设项目环境保护管理条例》，都是建设项目环境保护必须遵守的。

4. 环境质量标准和污染物排放标准

环境标准是有关国家机关对环境保护工作中需要统一的各项技术规范和技术要求，依照法定程序所指定的各种标准的总成。

《环境保护法》对于环境质量标准和污染物排放标准的有关规定如下。

第十五条　国务院环境保护主管部门制定国家环境质量标准。

省、自治区、直辖市人民政府对国家环境质量标准中未作规定的项目，可以制定地方环境质量标准；对国家环境质量标准中已作规定的项目，可以制定严于国家环境质量标准的地方环境质量标准。地方环境质量标准应当报国务院环境保护主管部门备案。

国家鼓励开展环境基准研究。

第十六条　国务院环境保护主管部门根据国家环境质量标准和国家经济、技术条件，制定国家污染物排放标准。

省、自治区、直辖市人民政府对国家污染物排放标准中未作规定的项目，可以制定地方污染物排放标准；对国家污染物排放标准中已作规定的项目，可以制定严于国家污染物排放标准的地方污染物排放标准。地方污染物排放标准应当报国务院环境保护主管部门备案。

第二十八条　地方各级人民政府应当根据环境保护目标和治理任务，采取有效措施，改善环境质量。

未达到国家环境质量标准的重点区域、流域的有关地方人民政府，应当制定限期达标规划，并采取措施按期达标。

第六十条　企业事业单位和其他生产经营者超过污染物排放标准或者超过重点污染物排放总量控制指标排放污染物的，县级以上人民政府环境保护主管部门可以责令其采取限制生产、停产整治等措施；情节严重的，报经有批准权的人民政府批准，责令停业、关闭。

5. 环境监测和状况公报制度

环境监测是指环境监测机构依法定权限和程序，对影响人类和其他生物生存和发展的环境质量状况进行监视性测定的活动。我国的环境监测机构是由设立在全国各地的环境监测站，包括国家环境监测总站、各省级环境监测中心（站）、国务院各部位总公司设置的环境监测机构、全军环境监测中心站以及省级以下的环境监测站。

《环境保护法》第十七条和第五十四条规定：

第十七条　国家建立、健全环境监测制度。国务院环境保护主管部门制定监测规范，会同有关部门组织监测网络，统一规划国家环境质量监测站（点）的设置，建立监测数据共享机制，加强对环境监测的管理。

有关行业、专业等各类环境质量监测站（点）的设置应当符合法律法规规定和监测规范的要求。

监测机构应当使用符合国家标准的监测设备，遵守监测规范。监测机构及其负责人对监测数据的真实性和准确性负责。

第五十四条　国务院环境保护主管部门统一发布国家环境质量、重点污染源监测信息及其他重大环境信息。省级以上人民政府环境保护主管部门定期发布环境状况公报。

环境监测和状况公报制度的施行，不仅满足了公众的环境知情权，对政府和环境监督管理部门也是一种监督，当公众知晓所处辖区的环境状况恶化趋势，将会对政府和环境监督管理部门形成压力。

6. 特殊区域的环境保护

特殊区域是指对科学、文化、教育、历史、美学、旅游、经济和环境保护有着重要价值的区域。

《环境保护法》第二十九条规定：

第二十九条　国家在重点生态功能区、生态环境敏感区和脆弱区等区域划定生态保护红线，实行严格保护。

各级人民政府对具有代表性的各种类型的自然生态系统区域，珍稀、濒危的野生动植物自然分布区域，重要的水源涵养区域，具有重大科学文化价值的地质构造、著名溶洞和化石分布区、冰川、火山、温泉等自然遗迹，以及人文遗迹、古树名木，应当采取措施予以保护，严禁破坏。

法律明确对重点生态功能区、生态敏感区和脆弱区等需要特殊保护的区域实行严格的"划定生态保护红线"的措施，以保证具有重要自然生态价值、科学文化价值的区域和敏感目标能避免人类生产生活活动的破坏。

7. 开发利用自然资源和海洋的环境保护

《环境保护法》第三十条和第三十四条规定：

第三十条 开发利用自然资源，应当合理开发，保护生物多样性，保障生态安全，依法制定有关生态保护和恢复治理方案并予以实施。

第三十四条 国务院和沿海地方各级人民政府应当加强对海洋环境的保护。向海洋排放污染物、倾倒废弃物，进行海岸工程和海洋工程建设，应当符合法律法规规定和有关标准，防止和减少对海洋环境的污染损害。

8. 农业和城乡的环境保护

农业环境是指影响农业生物生存和发展的各种天然的和经过人工改造的自然因素的总体，包括农业用地、农业用水、大气和生物等。

关于农业环境保护，《环境保护法》第三十三条和第四十九条规定：

第三十三条 各级人民政府应当加强对农业环境的保护，促进农业环境保护新技术的使用，加强对农业污染源的监测预警，统筹有关部门采取措施，防治土壤污染和土地沙化、盐渍化、贫瘠化、石漠化、地面沉降以及防治植被破坏、水土流失、水体富营养化、水源枯竭、种源灭绝等生态失调现象,推广植物病虫害的综合防治。

县级、乡级人民政府应当提高农村环境保护公共服务水平,推动农村环境综合整治。

第四十九条 各级人民政府及其农业等有关部门和机构应当指导农业生产经营者科学种植和养殖,科学合理施用农药、化肥等农业投入品,科学处置农用薄膜、农作物秸秆等农业废弃物,防止农业面源污染。

禁止将不符合农用标准和环境保护标准的固体废物、废水施入农田。施用农药、化肥等农业投入品及进行灌溉,应当采取措施,防止重金属和其他有毒有害物质污染环境。

畜禽养殖场、养殖小区、定点屠宰企业等的选址、建设和管理应当符合有关法律法规规定。从事畜禽养殖和屠宰的单位和个人应当采取措施,对畜禽粪便、尸体和污水等废弃物进行科学处置,防止污染环境。

县级人民政府负责组织农村生活废弃物的处置工作。

关于城乡环境保护,《环境保护法》第三十五条和第五十一条规定:

第三十五条 城乡建设应当结合当地自然环境的特点,保护植被、水域和自然景观,加强城市园林、绿地和风景名胜区的建设与管理。

第五十一条 各级人民政府应当统筹城乡建设污水处理设施及配套管网,固体废物的收集、运输和处置等环境卫生设施,危险废物集中处置设施、场所以及其他环境保护公共设施,并保障其正常运行。

9. 排污单位的环境保护责任和污染事故处理

《环境保护法》规定了排污单位的环境保护责任和一般环境保护义务。

其第四十条第三款、第四十二条、第四十六条和第四十七条第二款等分别规定：

第四十条第三款　企业应当优先使用清洁能源，采用资源利用率高、污染物排放量少的工艺、设备以及废弃物综合利用技术和污染物无害化处理技术，减少污染物的产生。

第四十二条　排放污染物的企业事业单位和其他生产经营者，应当采取措施，防治在生产建设或者其他活动中产生的废气、废水、废渣、医疗废物、粉尘、恶臭气体、放射性物质以及噪声、振动、光辐射、电磁辐射等对环境的污染和危害。

排放污染物的企业事业单位，应当建立环境保护责任制度，明确单位负责人和相关人员的责任。

重点排污单位应当按照国家有关规定和监测规范安装使用监测设备，保证监测设备正常运行，保存原始监测记录。

严禁通过暗管、渗井、渗坑、灌注或者篡改、伪造监测数据，或者不正常运行防治污染设施等逃避监管的方式违法排放污染物。

第四十六条　国家对严重污染环境的工艺、设备和产品实行淘汰制度。任何单位和个人不得生产、销售或者转移、使用严重污染环境的工艺、设备和产品。

禁止引进不符合我国环境保护规定的技术、设备、材料和产品。

第四十七条第二款　企业事业单位应当按照国家有关规定制定突发环境事件应急预案，报环境保护主管部门和有关部门备案。在发生或者可能发生突发环境事件时，企业事业单位应当立即采取措施处理，及时通报可能受到危害的单位和居民，并向环境保护主管部门和有关部门报告。

10."三同时"管理制度

《环境保护法》第四十一条规定：

第四十一条　建设项目中防治污染的设施，应当与主体工程同时设计、同时施工、同时投产使用。防治污染的设施应当符合经批准的环境影响评价文件的要求，不得擅自拆除或者闲置。

"三同时"制度是我国环境保护工作的一项创举，它与建设项目的环境影响评价相辅相成，都是针对新污染源所采取的防患于未然的法律举措，充分体现了《环境保护法》以预防为主原则的要求。环境影响评价制度作用于建设项目的可行性研究阶段，"三同时"作用于建设项目立项后进入实质性的建设阶段。

11. 法律责任

《环境保护法》对于法律责任的规定主要有建设单位和排污单位的法律责任、环境保护监督管理人员和其他相关法律责任。《环境保护法》对于违反本法规定的情况，作出了明确的罚则规定。2014年4月修订的《环境保护法》在法律责任方面较严格的体现包括以下方面。

一是新增"按日计罚"的制度，即对持续性的环境违法行为进行按日、连续的罚款。这意味着，非法偷排、超标排放、逃避检测等行为，违反的时间越久，罚款越多。之前法律规定的针对环境违法的罚款，是一个定数，数额并不大，导致违法成本较低，不少企业因而怠于治污。新法施行"按日计罚"之后，罚款数额上不封顶，将倒逼违法企业迅速纠正污染行为。

二是新的《环境保护法》作为一部行政法律，罕见地规定了行政拘留的处罚措施，对污染违法者将动用最严厉的行政处罚手段。

三是对于企业主要负责人以及环境监管部门工作人员提出严格的要求。对于领导干部虚报、谎报、瞒报污染情况，将会引咎辞职；面对重大的环境违法事件，地方政府分管领导、环保部门等监管部门主要负责人将"引咎辞职"。

二、环境保护单行法的有关规定

下面以《中华人民共和国大气污染防治法》（以下简称《大气污染防治法》）、《中华人民共和国水污染防治法》（以下简称《水污染防治法》）、《中华人民共和国环境噪声污染防治法》（以下简称《环境噪声污染防治法》）、《中华人民共和国固体废物污染环境防治法》(以下简称《固体废物污染环境防治法》) 为例,着重介绍我国环境保护单行法的有关规定。

1.《中华人民共和国大气污染防治法》的有关规定

现行有效的《大气污染防治法》为 2016 年 1 月 1 日起施行的修订本。

(1) 大气污染物排放总量控制

《大气污染防治法》第二十一条规定:

重点大气污染物排放总量控制目标,由国务院环境保护主管部门在征求国务院有关部门和各省、自治区、直辖市人民政府意见后,会同国务院经济综合主管部门报国务院批准并下达实施。

省、自治区、直辖市人民政府应当按照国务院下达的总量控制目标,控制或者削减本行政区域的重点大气污染物排放总量。

确定总量控制目标和分解总量控制指标的具体办法,由国务院环境保护主管部门会同国务院有关部门规定。省、自治区、直辖市人民政府可以根据本行政区域大气污染防治的需要,对国家重点大气污染物之外的其他大气污染物排放实行总量控制。

国家逐步推行重点大气污染物排污权交易。

实行污染物排放总量控制,是进行大气污染防治的重要措施之一。在大气污染物总量控制区内,有关排污单位在向当地政府申请获得大气污染物排放许可证之后,方可按照核定的主要大气污染物排放总量和许可的排放条件排放污染物。

(2) 采用清洁生产工艺,淘汰落后生产工艺和设备

企业优先采用能源利用率高、污染物排放量少的清洁生产工艺,减少大气污染物的产生,是企业应当履行的一项法律义务。

《大气污染防治法》第二十七条规定:

国家对严重污染大气环境的工艺、设备和产品实行淘汰制度。

国务院经济综合主管部门会同国务院有关部门确定严重污染大气环境的工艺、设备和产品淘汰期限,并纳入国家综合性产业政策目录。

生产者、进口者、销售者或者使用者应当在规定期限内停止生产、进口、销售或者使用列入前款规定目录中的设备和产品。工艺的采用者应当在规定期限内停止采用列入前款规定目录中的工艺。

被淘汰的设备和产品，不得转让给他人使用。

(3) 大气污染防治措施

《大气污染防治法》关于大气污染防治措施的法条中涵盖了当前社会生产过程的各种大气污染防治，其中主要包括了燃煤和其他能源污染防治、工业污染防治、机动车船等污染防治、扬尘污染防治、农业和其他污染防治等几个方面的法律规定。

(4) 大气环境管理

为加强区域环境空气质量管理以及大气污染的预警和应对，《大气污染防治法》中专门对重点区域大气污染联合防治以及重污染天气两个方面进行了相关的原则性规定；同时，该法律还在第七章中进一步细化了大气污染防治的各种法律责任以及处罚规定。

2.《中华人民共和国水污染防治法》的有关规定

现行有效的《水污染防治法》为2008年6月1日起施行的修订本。

(1) 适用范围和监督管理体制

《水污染防治法》第二条规定：

本法适用于中华人民共和国领域内的江河、湖泊、运河、渠道、水库等地表水体以及地下水体的污染防治。

海洋污染防治适用《中华人民共和国海洋环境保护法》。

《水污染防治法》第八条规定：

县级以上人民政府环境保护主管部门对水污染防治实施统一监督管理。

交通主管部门的海事管理机构对船舶污染水域的防治实施监督管理。

县级以上人民政府水行政、国土资源、卫生、建设、农业、渔业等部门以及重要江河、湖泊的流域水资源保护机构，在各自的职责范围内,对有关水污染防治实施监督管理。

(2) 向水体排放污染物的建设项目的环境影响评价

《水污染防治法》第十七条规定:

新建、改建、扩建直接或者间接向水体排放污染物的建设项目和其他水上设施,应当依法进行环境影响评价。

建设单位在江河、湖泊新建、改建、扩建排污口的,应当取得水行政主管部门或者流域管理机构同意;涉及通航、渔业水域的,环境保护主管部门在审批环境影响评价文件时,应当征求交通、渔业主管部门的意见。

建设项目的水污染防治设施,应当与主体工程同时设计、同时施工、同时投入使用。水污染防治设施应当经过环境保护主管部门验收,验收不合格的,该建设项目不得投入生产或者使用。

(3) 水污染物排放总量控制制度

《水污染防治法》第十八条、第十九条规定:

第十八条 国家对重点水污染物排放实施总量控制制度。

省、自治区、直辖市人民政府应当按照国务院的规定削减和控制本行政区域的重点水污染物排放总量,并将重点水污染物排放总量控制指标分解落实到市、县人民政府。市、县人民政府根据本行政区域重点水污染物排放总量控制指标的要求,将重点水污染物排放总量控制指标分解落实到排污单位。具体办法和实施步骤由国务院规定。

省、自治区、直辖市人民政府可以根据本行政区域水环境质量状况和水污染防治工作的需要,确定本行政区域实施总量削减和控制的重点水污染物。

对超过重点水污染物排放总量控制指标的地区,有关人民政府环境保护主管部门应当暂停审批新增重点水污染物排放总量的建设项目的环境影响评价文件。

第十九条 国务院环境保护主管部门对未按照要求完成重点水污染物排放总量控制指标的省、自治区、直辖市予以公布。省、自治区、直辖市人民政府环境保护主管部门对未按照要求完成重点水污染物排放总量控制指标的市、县予以公布。

县级以上人民政府环境保护主管部门对违反本法规定、严重污染水环境的企业予以公布。

污染物排放总量控制制度是防治水污染的有力武器，是实行排放许可证制度的基础。"区域限批"手段法制化，是环境监管手段的创新。实践证明，"区域限批"的效果非常明显，不仅使违法建设单位受到严厉惩罚，也使一些地方政府官员对环评等法律制度产生了敬畏之心。

（4）排污口设置的监管

《水污染防治法》第二十二条规定：

向水体排放污染物的企业事业单位和个体工商户，应当按照法律、行政法规和国务院环境保护主管部门的规定设置排污口；在江河、湖泊设置排污口的，还应当遵守国务院水行政主管部门的规定。

禁止私设暗管或者采取其他规避监管的方式排放水污染物。

在实际工作中，"采取其他规避监管的方式排放水污染物"有多种情形，按照环境保护部的解释，以下几种情形均可理解为上述行为：将废水稀释后排放；将废水通过槽车、储水罐等运输工具或容器转移出厂、非法倾倒；在雨污管道分离后利用雨水管道排放废水；其他擅自改变污水处理方式、不经法定排放口排放废水等规避监管的行为。

（5）饮用水水源及其他特殊水体保护

《水污染防治法》第五章第五十六条至第六十五条对于饮用水水源和其他特殊水体保护作了规定。其中，第五十六条至第六十条的有关规定如下：

第五十六条 国家建立饮用水水源保护区制度。饮用水水源保护区分为一级保护区和二级保护区；必要时，可以在饮用水水源保护区外围划定一定的区域作为准保护区。

饮用水水源保护区的划定，由有关市、县人民政府提出划定方案，报省、自治区、直辖市人民政府批准；跨市、县饮用水水源保护区的划定，由有关市、县人民政府协商提出划定方案，报省、自治区、直辖市人民政府批准；协商不成的，由省、自治区、直辖市人民政府环境保护主管部门会同同级水行政、国土资源、卫生、建设等部门提出划定方案，征求同级有关部门的意见后，报省、自治区、直辖市人民政府批准。

跨省、自治区、直辖市的饮用水水源保护区，由有关省、自治区、直辖市人民政府商有关流域管理机构划定；协商不成的，由国务院环境保护主管部门会同同级水行政、国土资源、卫生、建设等部门提出划定方案，征求国务院有关部门的意见后，报国务院批准。

国务院和省、自治区、直辖市人民政府可以根据保护饮用水水源的实际需要，调整饮用水水源保护区的范围，确保饮用水安全。有关地方人民政府应当在饮用水水源保护区的边界设立明确的地理界标和明显的警示标志。

第五十七条　在饮用水水源保护区内，禁止设置排污口。

第五十八条　禁止在饮用水水源一级保护区内新建、改建、扩建与供水设施和保护水源无关的建设项目；已建成的与供水设施和保护水源无关的建设项目，由县级以上人民政府责令拆除或者关闭。

禁止在饮用水水源一级保护区内从事网箱养殖、旅游、游泳、垂钓或者其他可能污染饮用水水体的活动。

第五十九条　禁止在饮用水水源二级保护区内新建、改建、扩建排放污染物的建设项目；已建成的排放污染物的建设项目，由县级以上人民政府责令拆除或者关闭。

在饮用水水源二级保护区内从事网箱养殖、旅游等活动的，应当按照规定采取措施，防止污染饮用水水体。

第六十条　禁止在饮用水水源准保护区内新建、扩建对水体污染严重的建设项目；改建建设项目，不得增加排污量。

（6）其他相关规定

除上述有关规定外，《水污染防治法》还包括以下内容：水污染防治的一般规定、工业水污染防治的规定、城镇水污染防治的规定、农业和农村水污染防治的规定、船舶水污染防治的规定、水污染事故的处置等。

3.《中华人民共和国环境噪声污染防治法》的有关规定

现行有效的《中华人民共和国环境噪声污染防治法》(以下简称《环境噪声污染防治法》)由第八届全国代表大会常务委员会第二十二次会议于1996年10月29日通过,自1997年3月1日起施行。

(1) 环境噪声与环境噪声污染

《环境噪声污染防治法》第二条规定:

本法所称环境噪声,是指在工业生产、建筑施工、交通运输和社会生活中所产生的干扰周围生活环境的声音。

本法所称环境噪声污染,是指所产生的环境噪声超过国家规定的环境噪声排放标准,并干扰他人正常生活、工作和学习的现象。

(2) 建设项目环境噪声污染防治的监督管理

《环境噪声污染防治法》第十三条、第十四条规定:

第十三条 新建、改建、扩建的建设项目,必须遵守国家有关建设项目环境保护管理的规定。

建设项目可能产生环境噪声污染的,建设单位必须提出环境影响报告书,规定环境噪声污染的防治措施,并按照国家规定的程序报环境保护行政主管部门批准。

环境影响报告书中,应当有该建设项目所在地单位和居民的意见。

第十四条 建设项目的环境噪声污染防治设施必须与主体工程同时设计、同时施工、同时投产使用。

建设项目在投入生产或者使用之前,其环境噪声污染防治设施必须经原审批环境影响报告书的环境保护行政主管部门验收;达不到国家规定要求的,该建设项目不得投入生产或者使用。

第十三条与《环境保护法》是一致的。同时要求在环境影响报告书中，应当有该建设项目所在地单位和居民的意见。这是公众参与环境影响评价的具体法律规定。

(3) 工业噪声的污染防治

《环境噪声污染防治法》第二十三条、第二十五条规定：

第二十三条 在城市范围内向周围生活环境排放工业噪声的，应当符合国家规定的工业企业厂界环境噪声排放标准。

第二十五条 产生环境噪声污染的工业企业，应当采取有效措施，减轻噪声对周围生活环境的影响。

这里强调的是"在城市范围内"产生并向"周围生活环境"排放噪声的"工业企业"，应当执行并满足工业企业厂界环境噪声排放标准。不论工业企业处于什么地方，不管是农村还是城市、是城市市区还是城市范围内，采取有效措施减轻其产生的噪声对周围生活环境的影响都是企业应履行的法律义务。

(4) 建筑施工噪声的污染防治

《环境噪声污染防治法》第二十八条至第三十条规定：

第二十八条 在城市市区范围内向周围生活环境排放建筑施工噪声的，应当符合国家规定的建筑施工场界环境噪声排放标准。

第二十九条 在城市市区范围内，建筑施工过程中使用机械设备，可能产生环境噪声污染的，施工单位必须在工程开工十五日以前向工程所在地县级以上地方人民政府环境保护行政主管部门申报该工程的项目名称、施工场所和期限、可能产生的环境噪声值以及所采取的环境噪声污染防治措施的情况。

第三十条 在城市市区噪声敏感建筑物集中区域内，禁止夜间进行产生环境噪声污染的建筑施工作业，但抢修、抢险作业和因生产工艺上要求或者特殊需要必须连续作业的除外。

因特殊需要必须连续作业的，必须有县级以上人民政府或者其有关主管部门的证明。

前款规定的夜间作业，必须公告附近居民。

(5) 交通运输噪声及社会生活噪声污染防治

《环境噪声污染防治法》第三十一条对交通噪声的概念定义为：

本法所称交通运输噪声，是指机动车辆、铁路机车、机动船舶、航空器等交通运输工具在运行时所产生的干扰周围生活环境的声音。

《环境噪声污染防治法》第四十一条对社会生活噪声的概念定义为：

本法所称社会生活噪声，是指人为活动所产生的除工业噪声、建筑施工噪声和交通运输噪声之外的干扰周围生活环境的声音。

在《环境噪声污染防治法》的第五章和第六章分别对交通运输噪声及社会生活噪声的污染防治进行了有关规定。

4.《中华人民共和国固体废物污染环境防治法》的有关规定

现行有效的《固体废物污染环境防治法》为2005年4月1日起施行的修订本。

（1）适用范围及相关概念的含义

《固体废物污染环境防治法》第二条、第八十九条规定：

第二条　本法适用于中华人民共和国境内固体废物污染环境的防治。

固体废物污染海洋环境的防治和放射性固体废物污染环境的防治不适用本法。

第八十九条　液态废物的污染防治，适用本法；但是，排入水体的废水的污染防治适用有关法律，不适用本法。

《固体废物污染环境防治法》第八十八条规定：

（一）固体废物，是指在生产、生活和其他活动中产生的丧失原有利用价值或者虽未丧失利用价值但被抛弃或者放弃的固态、半固态和置于容器中的气态的物品、物质以及法律、行政法规规定纳入固体废物管理的物品、物质。

（二）工业固体废物，是指在工业生产活动中产生的固体废物。

（三）生活垃圾，是指在日常生活中或者为日常生活提供服务的活动中产生的固体废物以及法律、行政法规规定视为生活垃圾的固体废物。

（四）危险废物，是指列入国家危险废物名录或者根据国家规定的危险废物鉴别标准和鉴别方法认定的具有危险特性的固体废物。

（五）贮存，是指将固体废物临时置于特定设施或者场所中的活动。

（六）处置，是指将固体废物焚烧和用其他改变固体废物的物理、化学、生物特性的方法，达到减少已产生的固体废物数量、缩小固体废物体积、减少或者消除其危险成分的活动，或者将固体废物最终置于符合环境保护规定要求的填埋场的活动。

（七）利用，是指从固体废物中提取物质作为原材料或者燃料的活动。

(2) 固体废物污染防治原则

《固体废物污染环境防治法》第三条，第五条规定：

第三条　国家对固体废物污染环境的防治，实行减少固体废物的产生量和危害性、充分合理利用固体废物和无害化处置固体废物的原则，促进清洁生产和循环经济发展。

国家采取有利于固体废物综合利用活动的经济、技术政策和措施，对固体废物实行充分回收和合理利用。

国家鼓励、支持采取有利于保护环境的集中处置固体废物的措施，促进固体废物污染环境防治产业发展。

第五条　国家对固体废物污染环境防治实行污染者依法负责的原则。

产品的生产者、销售者、进口者、使用者对其产生的固体废物依法承担污染防治责任。

根据《固体废物污染环境防治法》的有关规定，我国固体废物污染防治原则有四项。

a. "减量化、资源化、无害化"原则

简称"三化"原则，要求实行减少固体废物产生量、体积和危害性，充分合理利用固体废物和无害化处置固体废物的原则，促进清洁生产和循环经济发展。

b. 全过程管理的原则

要求从产生、收集、贮存、运输、利用直至最终处置各个环节实行全过程管理。

c. 分类管理的原则

鉴于固体废物的成分、性质和危险性存在较大差异,管理上必须采取分别、分类管理的方法,针对不同类型的固体废物制定不同对策和措施。

d. 污染者负责的原则

产品的生产者、销售者、进口者和使用者对其产生的固体废物依法承担污染防治责任。

(3) 工业固体废物利用、存放或处置

《固体废物污染环境防治法》第三十三条规定:

企业事业单位应当根据经济、技术条件对其产生的工业固体废物加以利用;对暂时不利用或者不能利用的,必须按照国务院环境保护行政主管部门的规定建设贮存设施、场所,安全分类存放,或者采取无害化处置措施。

建设工业固体废物贮存、处置的设施、场所,必须符合国家环境保护标准。

(4) 生活垃圾处置设施和场所

《固体废物污染环境防治法》第四十四条规定:

建设生活垃圾处置的设施、场所,必须符合国务院环境保护行政主管部门和国务院建设行政主管部门规定的环境保护和环境卫生标准。

禁止擅自关闭、闲置或者拆除生活垃圾处置的设施、场所;确有必要关闭、闲置或者拆除的,必须经所在地县级以上地方人民政府环境卫生行政主管部门和环境保护行政主管部门核准,并采取措施,防止污染环境。

(5) 危险废物的特殊要求

《固体废物污染环境防治法》第五十三条至第五十八条、第六

十六条规定:

第五十三条 产生危险废物的单位,必须按照国家有关规定制定危险废物管理计划,并向所在地县级以上地方人民政府环境保护行政主管部门申报危险废物的种类、产生量、流向、贮存、处置等有关资料。

前款所称危险废物管理计划应当包括减少危险废物产生量和危害性的措施以及危险废物贮存、利用、处置措施。危险废物管理计划应当报产生危险废物的单位所在地县级以上地方人民政府环境保护行政主管部门备案。

本条规定的申报事项或者危险废物管理计划内容有重大改变的,应当及时申报。

第五十四条 国务院环境保护行政主管部门会同国务院经济综合宏观调控部门组织编制危险废物集中处置设施、场所的建设规划,报国务院批准后实施。

县级以上地方人民政府应当依据危险废物集中处置设施、场所的建设规划组织建设危险废物集中处置设施、场所。

第五十五条 产生危险废物的单位,必须按照国家有关规定处置危险废物,不得擅自倾倒、堆放;不处置的,由所在地县级以上地方人民政府环境保护行政主管部门责令限期改正;逾期不处置或者处置不符合国家有关规定的,由所在地县级以上地方人民政府环境保护行政主管部门指定单位按照国家有关规定代为处置,处置费用由产生危险废物的单位承担。

第五十六条 以填埋方式处置危险废物不符合国务院环境保护行政主管部门规定的,应当缴纳危险废物排污费。危险废物排污费征收的具体办法由国务院规定。

危险废物排污费用于污染环境的防治,不得挪作他用。

第五十七条 从事收集、贮存、处置危险废物经营活动的单位,必须向县级以上人民政府环境保护行政主管部门申请领取经营许可证;从事利用危险废物经营活动的单位,必须向国务院环境保护行政主管部门或者省、自治区、直辖市人民政府环境保护行政主管部门申请领取经营许可证。具体管理办法由国务院规定。

禁止无经营许可证或者不按照经营许可证规定从事危险废物收集、贮存、利用、处置的经营活动。

禁止将危险废物提供或者委托给无经营许可证的单位从事收集、贮存、利用、处置的经营活动。

第五十八条 收集、贮存危险废物，必须按照危险废物特性分类进行。禁止混合收集、贮存、运输、处置性质不相容而未经安全性处置的危险废物。

贮存危险废物必须采取符合国家环境保护标准的防护措施，并不得超过一年；确需延长期限的，必须报经原批准经营许可证的环境保护行政主管部门批准；法律、行政法规另有规定的除外。

禁止将危险废物混入非危险废物中贮存。

第六十六条 禁止经中华人民共和国过境转移危险废物。

(6) 其他相关规定

《固体废物污染环境防治法》还有对固体废物的贮存、处置设施和场所，矿业固体废物利用、存放或处置等方面作了相关规定。

第二节 环境保护相关法律法规

一、《中华人民共和国水法》的有关规定

《中华人民共和国水法》（以下简称《水法》）于 1988 年经全国人大常委会制定公布，2002 年 8 月 29 日第九届全国人民代表大会常务委员会第二十九次会议进行修订，自 2002 年 10 月 1 日起施行。

1. 水资源保护制度

《水法》第二条规定：

在中华人民共和国领域内开发、利用、节约、保护、管理水资

源，防治水害，适用本法。

本法所称水资源，包括地表水和地下水。

国家施行水功能区划制度。由水行政主管部门会同环境保护行政主管部门、有关部门和有关人民政府，按照流域综合规划、水资源保护规划和经济社会发展要求，拟定水功能区划，报人民政府或其授权的部门批准。

国家建立饮用水水源保护区制度。省级人民政府应当划定饮用水水源保护区，并采取措施，防治水源枯竭和水体污染，保证城乡居民饮用水安全。

2. 工业用水重复利用规定

《水法》第五十一条规定：

工业用水应当采用先进技术、工艺和设备，增加循环用水次数，提高水的重复利用率。

国家逐步淘汰落后的、耗水量高的工艺、设备和产品，具体名录由国务院经济综合主管部门会同国务院水行政主管部门和有关部门制定并公布。生产者、销售者或者生产经营中的使用者应当在规定的时间内停止生产、销售或者使用列入名录的工艺、设备和产品。

3. 其他相关规定

《水法》还对水资源开发利用、河道和湖泊管理等方面提出了有关法律规定和要求。

二、《中华人民共和国节约能源法》的有关规定

《中华人民共和国节约能源法》（以下简称《节约能源法》）由第十届全国人民代表大会常务委员会第三十次会议于2007年10月28日修订通过，自2008年4月1日起施行。

1. 能源、节能的法律定义及国家节能政策

《节约能源法》第二条、第三条规定：

第二条 本法所称能源,是指煤炭、石油、天然气、生物质能和电力、热力以及其他直接或者通过加工、转换而取得有用能的各种资源。

第三条 本法所称节约能源(以下简称节能),是指加强用能管理,采取技术上可行、经济上合理以及环境和社会可以承受的措施,从能源生产到消费的各个环节,降低消耗、减少损失和污染物排放、制止浪费,有效、合理地利用能源。

《节约能源法》第四条、第七条规定:

第四条 节约资源是我国的基本国策。国家实施节约与开发并举、把节约放在首位的能源发展战略。

第七条 国家实行有利于节能和环境保护的产业政策,限制发展高耗能、高污染行业,发展节能环保型产业。

国务院和省、自治区、直辖市人民政府应当加强节能工作,合理调整产业结构、企业结构、产品结构和能源消费结构,推动企业降低单位产值能耗和单位产品能耗,淘汰落后的生产能力,改进能源的开发、加工、转换、输送、储存和供应,提高能源利用效率。

国家鼓励、支持开发和利用新能源、可再生能源。

2. 节能管理

《节约能源法》第十六条、第十七条规定:

第十六条 国家对落后的耗能过高的用能产品、设备和生产工艺实行淘汰制度。淘汰的用能产品、设备、生产工艺的目录和实施办法,由国务院管理节能工作的部门会同国务院有关部门制定并公布。

生产过程中耗能高的产品的生产单位,应当执行单位产品能耗限额标准。对超过单位产品能耗限额标准用能的生产单位,由管理节能工作的部门按照国务院规定的权限责令限期治理。

对高耗能的特种设备,按照国务院的规定实行节能审查和监管。

第十七条 禁止生产、进口、销售国家明令淘汰或者不符合强制性能源效率标准的用能产品、设备;禁止使用国家明令淘汰的用能设备、生产工艺。

3. 工业节能

《节约能源法》第二十九条至第三十三条规定:

第二十九条 国务院和省、自治区、直辖市人民政府推进能源资源优化开发利用和合理配置,推进有利于节能的行业结构调整,优化用能结构和企业布局。

第三十条 国务院管理节能工作的部门会同国务院有关部门制定电力、钢铁、有色金属、建材、石油加工、化工、煤炭等主要耗能行业的节能技术政策,推动企业节能技术改造。

第三十一条 国家鼓励工业企业采用高效、节能的电动机、锅炉、窑炉、风机、泵类等设备,采用热电联产、余热余压利用、洁净煤以及先进的用能监测和控制等技术。

第三十二条 电网企业应当按照国务院有关部门制定的节能发电调度管理的规定,安排清洁、高效和符合规定的热电联产、利用余热余压发电的机组以及其他符合资源综合利用规定的发电机组与电网并网运行,上网电价执行国家有关规定。

第三十三条 禁止新建不符合国家规定的燃煤发电机组、燃油发电机组和燃煤热电机组。

三、《中华人民共和国清洁生产促进法》的有关规定

《中华人民共和国清洁生产促进法》(以下简称《清洁生产促进法》)由全国第九届人民代表大会常务委员会第二十八次会议于 2002 年 6 月 29 日通过,自 2003 年 1 月 1 日起施行;中华人民共和国第十一届全国人民代表大会常务委员会第二十五次会议于 2012 年 2 月 2 日通过,现予公布,自 2012 年 7 月 1 日起施行。

1. 落后生产技术、工艺、设备和产品的淘汰制度

《清洁生产促进法》第十二条规定：

本法所称清洁生产，是指不断采取改进设计、使用清洁的能源和原料、采用先进的工艺技术与设备、改善管理、综合利用等措施，从源头削减污染，提高资源利用效率，减少或者避免生产、服务和产品使用过程中污染物的产生和排放，以减轻或者消除对人类健康和环境的危害。

国家对浪费资源和严重污染环境的落后生产技术、工艺、设备和产品实行限期淘汰制度。

2. 清洁生产的实施

《清洁生产促进法》第十九条规定：

企业在进行技术改造过程中，应当采取以下清洁生产措施：

（一）采用无毒、无害或者低毒、低害的原料，替代毒性大、危害严重的原料；

（二）采用资源利用率高、污染物产生量少的工艺和设备，替代资源利用率低、污染物产生量多的工艺和设备；

（三）对生产过程中产生的废物、废水和余热等进行综合利用或者循环使用；

（四）采用能够达到国家或者地方规定的污染物排放标准和污染物排放总量控制指标的污染防治技术。

本条对进行技术改造的项目，从原料的选用、资源的利用、采用的工艺设备、所产生的废物的利用和需排放污染物控制要求全过程分别作了实施清洁生产的规定。

四、《中华人民共和国循环经济促进法》的有关规定

《中华人民共和国循环经济促进法》（以下简称《循环经济促进法》）于 2008 年 8 月 29 日由第十一届全国人民代表大会常务委员会第四次会议通过，并以中华人民共和国国家主席第四号令公布，

自 2009 年 1 月 1 日起施行。

1. 循环经济、减量化、再利用、资源化的法律定义

《循环经济促进法》第二条规定：

本法所称循环经济，是指在生产、流通和消费等过程中进行的减量化、再利用、资源化活动的总称。本法所称减量化，是指在生产、流通和消费等过程中减少资源消耗和废物产生。

本法所称再利用，是指将废物直接作为产品或者经修复、翻新、再制造后继续作为产品使用，或者将废物的全部或者部分作为其他产品的部件予以使用。

本法所称资源化，是指将废物直接作为原料进行利用或者对废物进行再生利用。

2. 发展循环经济应遵循的原则

《循环经济促进法》第四条规定：

发展循环经济应当在技术可行、经济合理和有利于节约资源、保护环境的前提下，按照减量化优先的原则实施。

在废物再利用和资源化过程中，应当保障生产安全，保证产品质量符合国家规定的标准，并防止产生再次污染。

3. 企业事业单位实施循环经济的规定

《循环经济促进法》第九条规定：

企业事业单位应当建立健全管理制度，采取措施，降低资源消耗，减少废物的产生量和排放量，提高废物的再利用和资源化水平。

4. 新建、改建、扩建建设项目必须符合本行政区域主要污染物排放、建设用地和用水总量控制的要求

《循环经济促进法》第十三条规定：

县级以上地方人民政府应当依据上级人民政府下达的本行政区域主要污染物排放、建设用地和用水总量控制指标，规划和调整本行政区域的产业结构，促进循环经济发展。

新建、改建、扩建建设项目，必须符合本行政区域主要污染物排放、建设用地和用水总量控制指标的要求。

五、《中华人民共和国水土保持法》的有关规定

《中华人民共和国水土保持法》（以下简称《水土保持法》）于1991年6月29日第七届全国人民代表大会常务委员会第二十次会议通过，2010年12月25日第十一届全国人民代表大会常务委员会第十八次会议修订。

《水土保持法》所称水土保持，是指对自然因素和人为活动造成水土流失所采取的预防和治理措施，其目的是预防和治理水土流失，保护和合理利用水土资源，减轻水、旱、风沙灾害，改善生态环境，保障经济社会可持续发展。

《水土保持法》第二十四条、第二十五条、第二十八条和第三十八条规定：

第二十四条 生产建设项目选址、选线应当避让水土流失重点预防区和重点治理区；无法避让的，应当提高防治标准，优化施工工艺，减少地表扰动和植被损坏范围，有效控制可能造成的水土流失。

第二十五条 在山区、丘陵区、风沙区以及水土保持规划确定的容易发生水土流失的其他区域开办可能造成水土流失的生产建设项目，生产建设单位应当编制水土保持方案，报县级以上人民政府水行政主管部门审批，并按照经批准的水土保持方案，采取水土流失预防和治理措施。没有能力编制水土保持方案的，应当委托具备相应技术条件的机构编制。

水土保持方案应当包括水土流失预防和治理的范围、目标、措施和投资等内容。

水土保持方案经批准后，生产建设项目的地点、规模发生重大变化的，应当补充或者修改水土保持方案并报原审批机关批准。水土保持方案实施过程中，水土保持措施需要作出重大变更的，应当

经原审批机关批准。

生产建设项目水土保持方案的编制和审批办法,由国务院水行政主管部门制定。

第二十八条 依法应当编制水土保持方案的生产建设项目,其生产建设活动中排弃的砂、石、土、矸石、尾矿、废渣等应当综合利用;不能综合利用,确需废弃的,应当堆放在水土保持方案确定的专门存放地,并采取措施保证不产生新的危害。

第三十八条 对生产建设活动所占用土地的地表土应当进行分层剥离、保存和利用,做到土石方挖填平衡,减少地表扰动范围;对废弃的砂、石、土、矸石、尾矿、废渣等存放地,应当采取拦挡、坡面防护、防洪排导等措施。生产建设活动结束后,应当及时在取土场、开挖面和存放地的裸露土地上植树种草、恢复植被,对闭库的尾矿库进行复垦。

在干旱缺水地区从事生产建设活动,应当采取防止风力侵蚀措施,设置降水蓄渗设施,充分利用降水资源。

六、《中华人民共和国野生动物保护法》的有关规定

《中华人民共和国野生动物保护法》(以下简称《野生动物保护法》)于1988年11月8日由第七届全国人民代表大会常务委员会第四次会议通过;根据2004年8月28日中华人民共和国主席令第24号公布的《关于修改〈中华人民共和国野生动物保护法〉的决定》修正。

1. 适用范围

《野生动物保护法》第二条规定:

在中华人民共和国境内从事野生动物的保护、驯养繁殖、开发利用活动,必须遵守本法。

本法规定保护的野生动物,是指珍贵、濒危的陆生、水生野生动物和有益的或者有重要经济、科学研究价值的陆生野生动物。

本法各条款所提野生动物，均系指前款规定的受保护的野生动物。

珍贵、濒危的水生野生动物以外的其他水生野生动物的保护，适用渔业法的规定。

2. 野生动物的保护

《野生动物保护法》第八条至第十条、第十二条规定：

第八条　国家保护野生动物及其生存环境，禁止任何单位和个人非法猎捕或者破坏。

第九条　国家对珍贵、濒危的野生动物实行重点保护。国家重点保护的野生动物分为一级保护野生动物和二级保护野生动物。国家重点保护的野生动物名录及其调整，由国务院野生动物行政主管部门制定，报国务院批准公布。

地方重点保护野生动物，是指国家重点保护野生动物以外，由省、自治区、直辖市重点保护的野生动物。地方重点保护野生动物名录，由省、自治区、直辖市政府制定并公布，报国务院备案。

国家保护的有益的或者有重要经济、科学研究价值的陆生野生动物名录及其调整，由国务院野生动物行政主管部门制定并公布。

第十条　国务院野生动物行政主管部门和省、自治区、直辖市政府，应当在国家和地方重点保护野生动物的主要生息繁衍的地区和水域，划定自然保护区，加强对国家和地方重点保护野生动物及其生存环境的保护管理。

自然保护区的划定和管理，按照国务院有关规定办理。

第十二条　建设项目对国家或者地方重点保护野生动物的生存环境产生不利影响的，建设单位应当提交环境影响报告书；环境保护部门在审批时，应当征求同级野生动物行政主管部门的意见。

七、《中华人民共和国土地管理法》的有关规定

《中华人民共和国土地管理法》（以下简称《土地管理法》）于1986年6月25日由第六届全国人民代表大会常务委员会第十六次

会议通过；根据1988年12月29日第七届全国人民代表大会常务委员会第五次会议第一次修订；1998年8月29日第九届全国人民代表大会常务委员会第四次会议修订，自1999年1月1日起施行；根据2004年8月28日第十届全国人民代表大会常务委员会第十一次会议第二次修订。

1. 国家土地用途管制制度

我国施行土地的社会主义公有制，即全民所有制和劳动群众集体所有制。全民所有，即国家所有土地的所有权由国务院代表国家行使。任何单位和个人不得侵占、买卖或者以其他形式非法转让土地。土地使用权可以依法转让。国家为了公共利益的需要，可以依法对土地实行征收或者征用并给予补偿。

《土地管理法》第四条规定：

国家实行土地用途管制制度。

国家编制土地利用总体规划，规定土地用途，将土地分为农用地、建设用地和未利用地。严格限制农用地转为建设用地，控制建设用地总量，对耕地实行特殊保护。

前款所称农用地是指直接用于农业生产的土地，包括耕地、林地、草地、农田水利用地、养殖水面等；建设用地是指建造建筑物、构筑物的土地，包括城乡住宅和公共设施用地、工矿用地、交通水利设施用地、旅游用地、军事设施用地等；未利用地是指农用地和建设用地以外的土地。

使用土地的单位和个人必须严格按照土地利用总体规划确定的用途使用土地。

2. 保护耕地和基本农田的有关规定

《土地管理法》第三十一条规定：

国家保护耕地，严格控制耕地转为非耕地。

国家实行占用耕地补偿制度。非农业建设经批准占用耕地的，按照"占多少，垦多少"的原则，由占用耕地的单位负责开垦与所占用耕地的数量和质量相当的耕地；没有条件开垦或者开垦的耕地不符合要求的,应当按照省、自治区、直辖市的规定缴纳耕地开垦费,专款用于开垦新的耕地。

省、自治区、直辖市人民政府应当制定开垦耕地计划,监督占用耕地的单位按照计划开垦耕地或者按照计划组织开垦耕地,并进行验收。

《土地管理法》第三十四条规定:

国家实行基本农田保护制度。下列耕地应当根据土地利用总体规划划入基本农田保护区,严格管理:

(一)经国务院有关主管部门或者县级以上地方人民政府批准确定的粮、棉、油生产基地内的耕地;

(二)有良好的水利与水土保持设施的耕地,正在实施改造计划以及可以改造的中、低产田;

(三)蔬菜生产基地;

(四)农业科研、教学试验田;

(五)国务院规定应当划入基本农田保护区的其他耕地。

各省、自治区、直辖市划定的基本农田应当占本行政区域内耕地的百分之八十以上。

基本农田保护区以乡(镇)为单位进行划区定界,由县级人民政府土地行政主管部门会同同级农业行政主管部门组织实施。

3. 建设占用土地的有关规定

《土地管理法》第四十三条、第四十四条规定:

第四十三条 任何单位和个人进行建设,需要使用土地的,必须依法申请使用国有土地;但是,兴办乡镇企业和村民建设住宅经依法批准使用本集体经济组织农民集体所有的土地的,或者乡(镇)村公共设施和公益事业建设经依法批准使用农民集体所有的土地的除外。

前款所称依法申请使用的国有土地包括国家所有的土地和国家征收的原属于农民集体所有的土地。

第四十四条 建设占用土地,涉及农用地转为建设用地的,应当办理农用地转用审批手续。

省、自治区、直辖市人民政府批准的道路、管线工程和大型基础设施建设项目、国务院批准的建设项目占用土地,涉及农用地转为建设用地的,由国务院批准。

在土地利用总体规划确定的城市和村庄、集镇建设用地规模范围内,为实施该规划而将农用地转为建设用地的,按土地利用年度计划分批次由原批准土地利用总体规划的机关批准。在已批准的农用地转用范围内,具体建设项目用地可以由市、县人民政府批准。

本条第二款、第三款规定以外的建设项目占用土地,涉及农用地转为建设用地的,由省、自治区、直辖市人民政府批准。

4. 需经国务院批准征用的土地

《土地管理法》第四十五条规定:

征收下列土地的,由国务院批准:

(一)基本农田;

(二)基本农田以外的耕地超过三十五公顷的;

(三)其他土地超过七十公顷的。

征收前款规定以外的土地的,由省、自治区、直辖市人民政府批准,并报国务院备案。

征收农用地的,应当依照本法第四十四条的规定先行办理农用地转用审批。其中,经国务院批准农用地转用的,同时办理征地审批手续,不再另行办理征地审批;经省、自治区、直辖市人民政府在征地批准权限内批准农用地转用的,同时办理征地审批手续,不再另行办理征地审批,超过征地批准权限的,应当依照本条第一款的规定另行办理征地审批。

八、《中华人民共和国矿产资源法》的有关规定

1986年3月19日第六届全国人民代表大会常务委员会第十五次会议通过了《中华人民共和国矿产资源法》(以下简称《矿产资源法》),1996年8月29日第八届全国人民代表大会常务委员会第

二十一次会议进行了修正。1994年3月26日国务院还制定了《中华人民共和国矿产资源法实施细则》。

1. 矿产资源的限采规定

《矿产资源法》第二十条规定：

非经国务院授权的有关主管部门同意，不得在下列地区开采矿产资源：

（一）港口、机场、国防工程设施圈定地区以内；

（二）重要工业区、大型水利工程设施、城镇市政工程设施附近一定距离以内；

（三）铁路、重要公路两侧一定距离以内；

（四）重要河流、堤坝两侧一定距离以内；

（五）国家划定的自然保护区、重要风景区，国家重点保护的不能移动的历史文物和名胜古迹所在地；

（六）国家规定不得开采矿产资源的其他地区。

2. 关闭矿山的有关规定

《矿产资源法》第二十一条规定：

关闭矿山，必须提出矿山闭坑报告及有关采掘工程、不安全隐患、土地复垦利用、环境保护的资料，并按照国家规定报请审查批准。

九、《中华人民共和国草原法》的有关规定

1985年6月18日第六届全国人民代表大会常务委员会第十一次会议通过《中华人民共和国草原法》（以下简称《草原法》），2002年12月28日第九届全国人民代表大会常务委员会第三十一次会议修订，自2003年3月1日起施行。

《草原法》第十八条至第二十条、第四十二条、第四十六条规定：

第十八条 编制草原保护、建设、利用规划，应当依据国民经济和社会发展规划并遵循下列原则：

（一）改善生态环境，维护生物多样性，促进草原的可持续利用；

（二）以现有草原为基础，因地制宜，统筹规划，分类指导；

（三）保护为主、加强建设、分批改良、合理利用；

（四）生态效益、经济效益、社会效益相结合。

第十九条　草原保护、建设、利用规划应当包括：草原保护、建设、利用的目标和措施，草原功能分区和各项建设的总体部署，各项专业规划等。

第二十条　草原保护、建设、利用规划应当与土地利用总体规划相衔接，与环境保护规划、水土保持规划、防沙治沙规划、水资源规划、林业长远规划、城市总体规划、村庄和集镇规划以及其他有关规划相协调。

第四十二条　国家实行基本草原保护制度。下列草原应当划为基本草原，实施严格管理：

（一）重要放牧场；

（二）割草地；

（三）用于畜牧业生产的人工草地、退耕还草地以及改良草地、草种基地；

（四）对调节气候、涵养水源、保持水土、防风固沙具有特殊作用的草原；

（五）作为国家重点保护野生动植物生存环境的草原；

（六）草原科研、教学试验基地；

（七）国务院规定应当划为基本草原的其他草原。

基本草原的保护管理办法，由国务院制定。

第四十六条　禁止开垦草原。对水土流失严重、有沙化趋势、需要改善生态环境的已垦草原，应当有计划、有步骤地退耕还草；已造成沙化、盐碱化、石漠化的，应当限期治理。

十、《中华人民共和国森林法》的有关规定

1984 年 9 月 20 日，第六届全国人民代表大会常务委员会第七

次会议通过了《中华人民共和国森林法》（以下简称《森林法》）；根据1998年4月29日第九届全国人民代表大会常务委员会第二次会议《关于修改〈中华人民共和国森林法〉的决定》修正。2000年1月29日，国务院发布了《中华人民共和国森林法实施条例》。

1. 森林的分类

《森林法》第四条规定：

森林分为以下五类：

（一）防护林：以防护为主要目的的森林、林木和灌木丛，包括水源涵养林，水土保持林，防风固沙林，农田、牧场防护林，护岸林，护路林；

（二）用材林：以生产木材为主要目的的森林和林木，包括以生产竹材为主要目的的竹林；

（三）经济林：以生产果品，食用油料、饮料、调料，工业原料和药材等为主要目的的林木；

（四）薪炭林：以生产燃料为主要目的的林木；

（五）特种用途林：以国防、环境保护、科学实验等为主要目的的森林和林木，包括国防林、实验林、母树林、环境保护林、风景林，名胜古迹和革命纪念地的林木，自然保护区的森林。

2. 建设工程、开垦及开采的限制和禁止规定

《森林法》第十八条、第二十三条规定：

第十八条　进行勘查、开采矿藏和各项建设工程，应当不占或者少占林地；必须占用或者征用林地的，经县级以上人民政府林业主管部门审核同意后，依照有关土地管理的法律、行政法规办理建设用地审批手续，并由用地单位依照国务院有关规定缴纳森林植被恢复费。森林植被恢复费专款专用，由林业主管部门依照有关规定统一安排植树造林，恢复森林植被，植树造林面积不得少于因占用、征用林地而减少的森林植被面积。上级林业主管部门应当定期督促、检查下级林业主管部门组织植树造林、恢复森林植被的情况。

任何单位和个人不得挪用森林植被恢复费。县级以上人民政府审计机关应当加强对森林植被恢复费使用情况的监督。

第二十三条 禁止毁林开垦和毁林采石、采砂、采土以及其他毁林行为。

禁止在幼林地和特种用途林内砍柴、放牧。

进入森林和森林边缘地区的人员，不得擅自移动或者损坏为林业服务的标志。

十一、《中华人民共和国渔业法》的有关规定

《中华人民共和国渔业法》（以下简称《渔业法》）于1986年1月20日经第六届全国人民代表大会常务委员会第十四次会议通过，并从1986年7月1日起施行。根据2000年10月31日第九届全国人民代表大会常务委员会第十八次会议第一次修订；根据第十届全国人民代表大会常务委员会第十一次会议第二次修订。

《渔业法》第二条规定：

在中华人民共和国的内水、滩涂、领海、专属经济区以及中华人民共和国管辖的一切其他海域从事养殖和捕捞水生动物、水生植物等渔业生产活动，都必须遵守本法。

《渔业法》从地域范围和行为范围就其适用范围作了规定。

《渔业法》第三十二条规定：

在鱼、虾、蟹洄游通道建闸、筑坝，对渔业资源有严重影响的，建设单位应当建造过鱼设施或者采取其他补救措施。

十二、《中华人民共和国文物保护法》的有关规定

《全国人民代表大会常务委员会关于修改〈中华人民共和国文物保护法〉的决定》由中华人民共和国第十届全国人民代表大会常务委员会第三十一次会议于2007年12月29日通过，自公布之日起施行。

1. 文物保护的范围

中华人民共和国境内地下、内水和领海中遗存的一切文物，属于国家所有。《中华人民共和国文物保护法》(以下简称《文物保护法》)第二条规定：

在中华人民共和国境内，下列文物受国家保护：

(一) 具有历史、艺术、科学价值的古文化遗址、古墓葬、古建筑、石窟寺和石刻、壁画；

(二) 与重大历史事件、革命运动或者著名人物有关的以及具有重要纪念意义、教育意义或者史料价值的近代现代重要史迹、实物、代表性建筑；

(三) 历史上各时代珍贵的艺术品、工艺美术品；

(四) 历史上各时代重要的文献资料以及具有历史、艺术、科学价值的手稿和图书资料等；

(五) 反映历史上各时代、各民族社会制度、社会生产、社会生活的代表性实物。

文物认定的标准和办法由国务院文物行政部门制定，并报国务院批准。

具有科学价值的古脊椎动物化石和古人类化石同文物一样受国家保护。

2. 文物保护单位范围内的禁止行为

《文物保护法》第十七条至第十九条规定：

第十七条　文物保护单位的保护范围内不得进行其他建设工程或者爆破、钻探、挖掘等作业。但是，因特殊情况需要在文物保护单位的保护范围内进行其他建设工程或者爆破、钻探、挖掘等作业的，必须保证文物保护单位的安全，并经核定公布该文物保护单位的人民政府批准，在批准前应当征得上一级人民政府文物行政部门同意；在全国重点文物保护单位的保护范围内进行其他建设工程或者爆破、钻探、挖掘等作业的，必须经省、自治区、直辖市人民政府批准，在批准前应当征得国务院文物行政部门同意。

第十八条 根据保护文物的实际需要，经省、自治区、直辖市人民政府批准，可以在文物保护单位的周围划出一定的建设控制地带，并予以公布。

在文物保护单位的建设控制地带内进行建设工程，不得破坏文物保护单位的历史风貌；工程设计方案应当根据文物保护单位的级别，经相应的文物行政部门同意后，报城乡建设规划部门批准。

第十九条 在文物保护单位的保护范围和建设控制地带内，不得建设污染文物保护单位及其环境的设施，不得进行可能影响文物保护单位安全及其环境的活动。对已有的污染文物保护单位及其环境的设施，应当限期治理。

文物保护单位的保护范围，是指对文物保护单位本体及周围一定范围实施重点保护的区域。

3. 建设工程选址中对不可移动文物的保护

《文物保护法》第二十条规定：

建设工程选址，应当尽可能避开不可移动文物；因特殊情况不能避开的，对文物保护单位应当尽可能实施原址保护。

实施原址保护的，建设单位应当事先确定保护措施，根据文物保护单位的级别报相应的文物行政部门批准，并将保护措施列入可行性研究报告或者设计任务书。

无法实施原址保护，必须迁移异地保护或者拆除的，应当报省、自治区、直辖市人民政府批准；迁移或者拆除省级文物保护单位的，批准前须征得国务院文物行政部门同意。全国重点文物保护单位不得拆除；需要迁移的，须由省、自治区、直辖市人民政府报国务院批准。

依照前款规定拆除的国有不可移动文物中具有收藏价值的壁画、雕塑、建筑构件等，由文物行政部门指定的文物收藏单位收藏。

本条规定的原址保护、迁移、拆除所需费用，由建设单位列入建设工程预算。

十三、《中华人民共和国防洪法》的有关规定

《中华人民共和国防洪法》(以下简称《防洪法》)于 1997 年 8 月 29 日由第八届全国人民代表大会常务委员会第二十七次会议通过,1997 年 8 月 29 日由中华人民共和国主席令第 88 号公布,自 1998 年 1 月 1 日起施行。

《防洪法》第二十七条规定:

建设跨河、穿河、穿堤、临河的桥梁、码头、道路、渡口、管道、缆线、取水、排水等工程设施,应当符合防洪标准、岸线规划、航运要求和其他技术要求,不得危害堤防安全,影响河势稳定、妨碍行洪畅通;其可行性研究报告按照国家规定的基本建设程序报请批准前,其中的工程建设方案应当经有关水行政主管部门根据前述防洪要求审查同意。

前款工程设施需要占用河道、湖泊管理范围内土地,跨越河道、湖泊空间或者穿越河床的,建设单位应当经有关水行政主管部门对该工程设施建设的位置和界限审查批准后,方可依法办理开工手续;安排施工时,应当按照水行政主管部门审查批准的位置和界限进行。

《防洪法》第二十九条规定:

防洪区是指洪水泛滥可能淹及的地区,分为洪泛区、蓄滞洪区和防洪保护区。

洪泛区是指尚无工程设施保护的洪水泛滥所及的地区。

蓄滞洪区是指包括分洪口在内的河堤背水面以外临时贮存洪水的低洼地区及湖泊等。

防洪保护区是指在防洪标准内受防洪工程设施保护的地区。

洪泛区、蓄滞洪区和防洪保护区的范围,在防洪规划或者防御洪水方案中划定,并报请省级以上人民政府按照国务院规定的权限批准后予以公告。

十四、《中华人民共和国城乡规划法》的有关规定

《中华人民共和国城乡规划法》(以下简称《城乡规划法》)于2007年10月28日由中华人民共和国第十届全国人民代表大会常务委员会第三十次会议通过,自2008年1月1日起施行。

1. 城乡规划、规划区及规划编制

《城乡规划法》第二条规定:

制定和实施城乡规划,在规划区内进行建设活动,必须遵守本法。

本法所称城乡规划,包括城镇体系规划、城市规划、镇规划、乡规划和村庄规划。城市规划、镇规划分为总体规划和详细规划。详细规划分为控制性详细规划和修建性详细规划。

本法所称规划区,是指城市、镇和村庄的建成区以及因城乡建设和发展需要,必须实行规划控制的区域。规划区的具体范围由有关人民政府在组织编制的城市总体规划、镇总体规划、乡规划和村庄规划中,根据城乡经济社会发展水平和统筹城乡发展的需要划定。

《城乡规划法》第十三条、第十七条、第十八条规定:

第十三条　省、自治区人民政府组织编制省域城镇体系规划,报国务院审批。

省域城镇体系规划的内容应当包括:城镇空间布局和规模控制,重大基础设施的布局,为保护生态环境、资源等需要严格控制的区域。

第十七条　城市总体规划、镇总体规划的内容应当包括:城市、镇的发展布局,功能分区,用地布局,综合交通体系,禁止、限制和适宜建设的地域范围,各类专项规划等。

规划区范围、规划区内建设用地规模、基础设施和公共服务设施用地、水源地和水系、基本农田和绿化用地、环境保护、自然与历史文化遗产保护以及防灾减灾等内容,应当作为城市总体规划、

镇总体规划的强制性内容。

城市总体规划、镇总体规划的规划期限一般为二十年。城市总体规划还应当对城市更长远的发展作出预测性安排。

第十八条 乡规划、村庄规划应当从农村实际出发，尊重村民意愿，体现地方和农村特色。

乡规划、村庄规划的内容应当包括：规划区范围，住宅、道路、供水、排水、供电、垃圾收集、畜禽养殖场所等农村生产、生活服务设施、公益事业等各项建设的用地布局、建设要求，以及对耕地等自然资源和历史文化遗产保护、防灾减灾等的具体安排。乡规划还应当包括本行政区域内的村庄发展布局。

2. 城乡规划的实施

《城乡规划法》第三十条至第三十二条、第三十五条规定：

第三十条 城市新区的开发和建设，应当合理确定建设规模和时序，充分利用现有市政基础设施和公共服务设施，严格保护自然资源和生态环境，体现地方特色。

在城市总体规划、镇总体规划确定的建设用地范围以外，不得设立各类开发区和城市新区。

第三十一条 旧城区的改建，应当保护历史文化遗产和传统风貌，合理确定拆迁和建设规模，有计划地对危房集中、基础设施落后等地段进行改建。

历史文化名城、名镇、名村的保护以及受保护建筑物的维护和使用，应当遵守有关法律、行政法规和国务院的规定。

第三十二条 城乡建设和发展，应当依法保护和合理利用风景名胜资源，统筹安排风景名胜区及周边乡、镇、村庄的建设。

风景名胜区的规划、建设和管理，应当遵守有关法律、行政法规和国务院的规定。

第三十五条 城乡规划确定的铁路、公路、港口、机场、道路、绿地、输配电设施及输电线路走廊、通信设施、广播电视设施、管道设施、河道、水库、水源地、自然保护区、防汛通道、消防通道、核电站、垃圾填埋场及焚烧厂、污水处理厂和公共服务设施的用地以及其他需要依法保护的用地,禁止擅自改变用途。

十五、《中华人民共和国河道管理条例》的有关规定

《中华人民共和国河道管理条例》(以下简称《河道管理条例》)于1988年6月3日由国务院第七次常务会议通过,1988年6月10日国务院令第3号发布,自发布之日起施行。《河道管理条例》第二条、第十二条、第十六条规定:

第二条 本条例适用于中华人民共和国领域内的河道(包括湖泊、人工水道、行洪区、蓄洪区、滞洪区)。

河道内的航道,同时适用《中华人民共和国航道管理条例》。

第十二条 修建桥梁、码头和其他设施,必须按照国家规定的防洪标准所确定的河宽进行,不得缩窄行洪通道。

桥梁和栈桥的梁底必须高于设计洪水位,并按照防洪和航运的要求,留有一定的超高。设计洪水位由河道主管机关根据防洪规划确定。

跨越河道的管道、线路的净空高度必须符合防洪和航运的要求。

第十六条 城镇建设和发展不得占用河道滩地。城镇规划的临河界限,由河道主管机关会同城镇规划等有关部门确定。沿河城镇在编制和审查城镇规划时,应当事先征求河道主管机关的意见。

十六、《中华人民共和国自然保护区条例》的有关规定

《中华人民共和国自然保护区条例》(以下简称《自然保护区条例》)于1994年9月2日由国务院第24次常务会议讨论通过,1994年10月9日中华人民共和国国务院令第167号发布,自1994年12月1日起施行。

1. 自然保护区的功能区划及保护要求

《自然保护区条例》第十八条规定：

自然保护区可以分为核心区、缓冲区和实验区。

自然保护区内保存完好的天然状态的生态系统以及珍稀、濒危动植物的集中分布地，应当划为核心区，禁止任何单位和个人进入；除依照本条例第二十七条的规定经批准外，也不允许进入从事科学研究活动。

核心区外围可以划定一定面积的缓冲区，只准进入从事科学研究观测活动。

缓冲区外围划为实验区，可以进入从事科学试验、教学实习、参观考察、旅游以及驯化、繁殖珍稀、濒危野生动植物等活动。

原批准建立自然保护区的人民政府认为必要时，可以在自然保护区的外围划定一定面积的外围保护地带。

2. 自然保护区内的禁止行为

《自然保护区条例》第二十六条至第二十九条、第三十二条规定：

第二十六条　禁止在自然保护区内进行砍伐、放牧、狩猎、捕捞、采药、开垦、烧荒、开矿、采石、挖沙等活动；但是，法律、行政法规另有规定的除外。

第二十七条　禁止任何人进入自然保护区的核心区。因科学研究的需要，必须进入核心区从事科学研究观测、调查活动的，应当事先向自然保护区管理机构提交申请和活动计划，并经省级以上人民政府有关自然保护区行政主管部门批准；其中，进入国家级自然保护区核心区的，必须经国务院有关自然保护区行政主管部门批准。

自然保护区核心区内原有居民确有必要迁出的，由自然保护区所在地的地方人民政府予以妥善安置。

第二十八条　禁止在自然保护区的缓冲区开展旅游和生产经营活动。因教学科研的目的，需要进入自然保护区的缓冲区从事非破坏性的科学研究、教学实习和标本采集活动的，应当事先向自然保护区管理机构提交申请和活动计划，经自然保护区管理机构批准。

从事前款活动的单位和个人，应当将其活动成果的副本提交自然保护区管理机构。

第二十九条第三款　严禁开设与自然保护区保护方向不一致的参观、旅游项目。

第三十二条　在自然保护区的核心区和缓冲区内，不得建设任何生产设施。在自然保护区的实验区内，不得建设污染环境、破坏资源或者景观的生产设施；建设其他项目，其污染物排放不得超过国家和地方规定的污染物排放标准。在自然保护区的实验区内已经建成的设施，其污染物排放超过国家和地方规定的排放标准的，应当限期治理；造成损害的，必须采取补救措施。

在自然保护区的外围保护地带建设的项目，不得损害自然保护区内的环境质量；已造成损害的，应当限期治理。

限期治理决定由法律、法规规定的机关作出，被限期治理的企业事业单位必须按期完成治理任务。

3. 内部未分区的自然保护区的管理要求

《自然保护区条例》第三十条规定：

自然保护区的内部未分区的，依照本条例有关核心区和缓冲区的规定管理。

十七、《风景名胜区条例》的有关规定

《风景名胜区条例》于 2006 年 9 月 6 日经国务院第 149 次常务会议通过，2006 年 9 月 19 日公布，自 2006 年 12 月 1 日起施行。

风景名胜区，是指具有观赏、文化或者科学价值，自然景观、人文景观比较集中，环境优美，可供人们游览或者进行科学、文化活动的区域。

《风景名胜区条例》第二十四条至第三十一条规定：

第二十四条　风景名胜区内的景观和自然环境，应当根据可持

续发展的原则,严格保护,不得破坏或者随意改变。

风景名胜区管理机构应当建立健全风景名胜资源保护的各项管理制度。

风景名胜区内的居民和游览者应当保护风景名胜区的景物、水体、林草植被、野生动物和各项设施。

第二十五条 风景名胜区管理机构应当对风景名胜区内的重要景观进行调查、鉴定,并制定相应的保护措施。

第二十六条 在风景名胜区内禁止进行下列活动:

(一)开山、采石、开矿、开荒、修坟立碑等破坏景观、植被和地形地貌的活动;

(二)修建储存爆炸性、易燃性、放射性、毒害性、腐蚀性物品的设施;

(三)在景物或者设施上刻划、涂污;

(四)乱扔垃圾。

第二十七条 禁止违反风景名胜区规划,在风景名胜区内设立各类开发区和在核心景区内建设宾馆、招待所、培训中心、疗养院以及与风景名胜资源保护无关的其他建筑物;已经建设的,应当按照风景名胜区规划,逐步迁出。

第二十八条 在风景名胜区内从事本条例第二十六条、第二十七条禁止范围以外的建设活动,应当经风景名胜区管理机构审核后,依照有关法律、法规的规定办理审批手续。

在国家级风景名胜区内修建缆车、索道等重大建设工程,项目的选址方案应当报国务院建设主管部门核准。

第二十九条 在风景名胜区内进行下列活动,应当经风景名胜区管理机构审核后,依照有关法律、法规的规定报有关主管部门批准:

(一)设置、张贴商业广告;

(二)举办大型游乐等活动;

(三)改变水资源、水环境自然状态的活动;

(四)其他影响生态和景观的活动。

第三十条 风景名胜区内的建设项目应当符合风景名胜区规划,并与景观相协调,不得破坏景观、污染环境、妨碍游览。

在风景名胜区内进行建设活动的,建设单位、施工单位应当制定污染防治和水土保持方案,并采取有效措施,保护好周围景物、水体、林草植被、野生动物资源和地形地貌。

第三十一条 国家建立风景名胜区管理信息系统,对风景名胜区规划实施和资源保护情况进行动态监测。

国家级风景名胜区所在地的风景名胜区管理机构应当每年向国务院建设主管部门报送风景名胜区规划实施和土地、森林等自然资源保护的情况;国务院建设主管部门应当将土地、森林等自然资源保护的情况,及时抄送国务院有关部门。

十八、《基本农田保护条例》的有关规定

《基本农田保护条例》于1998年12月24日经国务院第十二次常务会议通过,1998年12月27日国务院令第257号发布,自1999年1月1日起实行。

1. 基本农田和基本农田保护区

《基本农田保护条例》第二条规定:

国家实行基本农田保护制度。

本条例所称基本农田,是指按照一定时期人口和社会经济发展对农产品的需求,依据土地利用总体规划确定的不得占用的耕地。

本条例所称基本农田保护区,是指为对基本农田实行特殊保护而依据土地利用总体规划和依照法定程序确定的特定保护区域。

2. 建设项目与基本农田

《基本农田保护条例》第十五条至第十八条规定:

第十五条 基本农田保护区经依法划定后,任何单位和个人不得改变或者占用。国家能源、交通、水利、军事设施等重点建设项目选址确实无法避开基本农田保护区,需要占用基本农田,涉及农用地转用或者征用土地的,必须经国务院批准。

第十六条　经国务院批准占用基本农田的,当地人民政府应当按照国务院的批准文件修改土地利用总体规划,并补充划入数量和质量相当的基本农田。占用单位应当按照占多少、垦多少的原则,负责开垦与所占基本农田的数量与质量相当的耕地;没有条件开垦或者开垦的耕地不符合要求的,应当按照省、自治区、直辖市的规定缴纳耕地开垦费,专款用于开垦新的耕地。

占用基本农田的单位应当按照县级以上地方人民政府的要求,将所占用基本农田耕作层的土壤用于新开垦耕地、劣质地或者其他耕地的土壤改良。

第十七条　禁止任何单位和个人在基本农田保护区内建窑、建房、建坟、挖砂、采石、采矿、取土、堆放固体废弃物或者进行其他破坏基本农田的活动。

禁止任何单位和个人占用基本农田发展林果业和挖塘养鱼。

第十八条　禁止任何单位和个人闲置、荒芜基本农田。经国务院批准的重点建设项目占用基本农田的,满1年不使用而又可以耕种并收获的,应当由原耕种该幅基本农田的集体或者个人恢复耕种,也可以由用地单位组织耕种;1年以上未动工建设的,应当按照省、自治区、直辖市的规定缴纳闲置费;连续2年未使用的,经国务院批准,由县级以上人民政府无偿收回用地单位的土地使用权;该幅土地原为农民集体所有的,应当交由原农村集体经济组织恢复耕种,重新划入基本农田保护区。

承包经营基本农田的单位或者个人连续2年弃耕抛荒的,原发包单位应当终止承包合同,收回发包的基本农田。

十九、《医疗废物管理条例》的有关规定

《医疗废物管理条例》于2003年6月4日经国务院第十次常务会议通过,2003年6月16日中华人民共和国国务院第380号令公布,自公布之日起施行。

《医疗废物管理条例》所称医疗废物,是指医疗卫生机构在医

疗、预防、保健以及其他相关活动中产生的具有直接或者间接感染性、毒性以及其他危害性的废物。该条例适用于医疗废物的收集、运送、贮存、处置以及监督管理等活动。医疗卫生机构收治的传染病病人或者疑似传染病病人产生的生活垃圾，按照医疗废物进行管理和处置。医疗卫生机构废弃的麻醉、精神、放射性、毒性等药品及其相关废物的管理，依照有关法律、行政法规和国家有关规定、标准执行。

《医疗废物管理条例》第二十四条规定：

医疗废物集中处置单位的贮存、处置设施，应当远离居（村）民居住区、水源保护区和交通干道，与工厂、企业等工作场所有适当的安全防护距离，并符合国务院环境保护行政主管部门的规定。

二十、《危险化学品安全管理条例》的有关规定

《危险化学品安全管理条例》于2002年1月9日经国务院第五十二次常务会议通过，2002年1月26日经中华人民共和国国务院令第344号公布，2011年2月16日经国务院第144次常务会议修订通过，自2011年12月1日起施行。

危险化学品与废水、废气、固体废物等污染物性质不同，它本身不是污染物质，其危险主要就其性质和风险而言，如对其管理得当和使用科学，并不一定造成环境污染。但如果管理不善或者使用不当，导致其进入环境，则会对人体和环境造成严重的持久性的损害，并且通常难以消除。

该条例所称危险化学品，是指具有毒害、腐蚀、爆炸、燃烧、助燃等性质，对人体、设施、环境具有危害的剧毒化学品和其他化学品。危险化学品目录，由国务院安全生产监督管理部门会同国务院工业和信息化、公安、环境保护、卫生、质量监督检验检疫、交通运输、铁路、民用航空、农业主管部门，根据化学品危险特性的鉴别和分类标准确定、公布，并适时调整。

《危险化学品安全管理条例》第十一条规定：

国家对危险化学品的生产、储存实行统筹规划、合理布局。

国务院工业和信息化主管部门以及国务院其他有关部门依据各自职责，负责危险化学品生产、储存的行业规划和布局。

地方人民政府组织编制城乡规划，应当根据本地区的实际情况，按照确保安全的原则，规划适当区域专门用于危险化学品的生产、储存。

《危险化学品安全管理条例》第十九条规定：

危险化学品生产装置或者储存数量构成重大危险源的危险化学品储存设施（运输工具加油站、加气站除外），与下列场所、设施、区域的距离应当符合国家有关规定：

（一）居住区以及商业中心、公园等人员密集场所；

（二）学校、医院、影剧院、体育场（馆）等公共设施；

（三）饮用水源、水厂以及水源保护区；

（四）车站、码头（依法经许可从事危险化学品装卸作业的除外）、机场以及通信干线、通信枢纽、铁路线路、道路交通干线、水路交通干线、地铁风亭以及地铁站出入口；

（五）基本农田保护区、基本草原、畜禽遗传资源保护区、畜禽规模化养殖场（养殖小区）、渔业水域以及种子、种畜禽、水产苗种生产基地；

（六）河流、湖泊、风景名胜区、自然保护区；

（七）军事禁区、军事管理区；

（八）法律、行政法规规定的其他场所、设施、区域。

已建的危险化学品生产装置或者储存数量构成重大危险源的危险化学品储存设施不符合前款规定的，由所在地设区的市级人民政府安全生产监督管理部门会同有关部门监督其所属单位在规定期限内进行整改；需要转产、停产、搬迁、关闭的，由本级人民政府决定并组织实施。

储存数量构成重大危险源的危险化学品储存设施的选址，应当避开地震活动断层和容易发生洪灾、地质灾害的区域。本条例所称重大危险源，是指生产、储存、使用或者搬运危险化学品，且危化学品的数量等于或者超过临界量的单元(包括场所和设施)。

→ 思考与练习

1. 简述我国环境保护监督管理的特点。

2. 概述《中华人民共和国水污染防治法》关于饮用水水源的保护规定。

3. 简述我国对于固体废物污染防治的有关原则和规定。

4. 简述《自然保护区条例》对于自然保护区功能区划的相关规定。

附录 建设项目环境影响评价分类管理名录

环评类别/项目类别	报告书	报告表	登记表	本栏目环境敏感区含义
A. 水利				
1. 水库	库容1000万立方米及以上;涉及环境敏感区的	其他		(一)中的全部;(二)中的重要水生生物的自然产卵场、索饵场、越冬场和洄游通道
2. 灌区工程	新建5万亩(15亩=1公顷,后同)及以上;改造30万亩及以上	其他	—	
3. 引水工程	跨流域调水;大中型河流引水;小型河流引水总年引水量占天然年径流量1/4及以上;涉及环境敏感区的	其他	—	(一)中的全部;(二)中的资源型缺水地区、重要水生生物的自然产卵场、索饵场、越冬场和洄游通道;(三)中的全部
4. 防洪治涝工程	新建大中型	其他	—	
5. 河湖整治工程	涉及环境敏感区的	其他		(一)中的全部;(二)中的重要水生生物的自然产卵场、索饵场、越冬场和洄游通道、重要湿地、珍稀濒危野生动植物天然集中分布区、富营养化水域;(三)中的文物保护单位和具有特殊历史、文化、科学、民族意义的保护地

附录 建设项目环境影响评价分类管理名录 227

续表

环评类别/项目类别	报告书	报告表	登记表	本栏目环境敏感区含义
A. 水利				
6. 地下水开采工程	日取水量1万立方米及以上；涉及环境敏感区的	其他	—	(一)中的全部；(二)中的资源性缺水地区、重要湿地
B. 农、林、牧、渔、海洋				
7. 农业垦殖	5000亩及以上；涉及环境敏感区的	其他	—	(一)中的全部；(二)中的基本草原、重要湿地、资源性缺水地区、水土流失重点防治区、富营养化水域
8. 农田改造项目	—	涉及环境敏感区的	其他	(一)中的全部；(二)中的基本草原、重要湿地、资源性缺水地区、水土流失重点防治区、富营养化水域
9. 农产品基地项目	—	涉及环境敏感区的	其他	(一)中的全部；(二)中的基本草原、重要湿地、资源性缺水地区、水土流失重点防治区、富营养化水域
10. 农业转基因项目、物种引进项目	全部	—	—	
11. 经济林基地项目	原料林基地	其他	—	
12. 森林采伐工程	—	全部	—	
13. 防沙治沙工程	—	全部	—	

续表

环评类别/项目类别	报告书	报告表	登记表	本栏目环境敏感区含义
B. 农、林、牧、渔、海洋				
14. 畜禽养殖场、养殖小区	年出栏生猪 5000 头（其他畜禽种类折合生猪的养殖规模）及以上；涉及环境敏感区的	—	其他	（一）中的全部；（二）中的富营养化水域；（三）中的全部
15. 淡水养殖工程	—	网箱、围网等投饵养殖；涉及环境敏感区的	其他	（一）中的全部；（二）中的富营养化水域
16. 海水养殖工程	—	用海面积 300 亩及以上；涉及环境敏感区的	其他	（一）中的自然保护区；（二）中的珍稀濒危野生动植物天然集中分布区、重要水生生物的自然产卵场、索饵场、天然渔场，封闭及半封闭海域，文物保护单位和具有特殊历史、文化、科学、民族意义的保护地
17. 海洋人工鱼礁工程	—	固体物质投放量 5000 立方米及以上；涉及环境敏感区的	其他	（一）中的自然保护区；（二）中的珍稀濒危野生动植物天然集中分布区、重要水生生物的自然产卵场、索饵场、天然渔场，封闭及半封闭海域，文物保护单位和具有特殊历史、文化、科学、民族意义的保护地

续表

环评类别/项目类别	报告书	报告表	登记表	本栏目环境敏感区含义
B. 农、林、牧、渔、海洋				
18. 围填海工程及海上堤坝工程	围填海工程；长度0.5公里及以上的海上堤坝工程；涉及环境敏感区的	其他	—	（一）中的自然保护区；（二）中的珍稀濒危野生动植物天然集中分布区、重要水生生物的自然产卵场、索饵场、天然渔场，封闭及半封闭海域；（三）中的文物保护单位和具有特殊历史、文化、科学、民族意义的保护地
19. 海上和海底物资储藏设施工程	全部	—	—	
20. 跨海桥梁工程	全部	—	—	
21. 海底隧道 管道 电（光）缆工程	全部	—	—	
C. 地质勘查				
22. 基础地质勘查	—	全部	—	
23. 水利、水电工程地质勘查	—	全部	—	
24. 矿产资源地质勘查（包括勘探活动）	—	全部	—	

续表

环评类别/项目类别	报告书	报告表	登记表	本栏目环境敏感区含义
D. 煤炭				
25. 煤层气开采	年生产能力1亿立方米及以上；涉及环境敏感区的	其他	—	（一）中的全部；（二）中的基本草原、水土流失重点防治区、沙化土地封禁保护区；（三）中的全部
26. 煤炭开采	全部	—	—	
27. 洗选、配煤	—	全部	—	
28. 煤炭储存、集运	—	全部	—	
29. 型煤、水煤浆生产	—	全部	—	
E. 电力				
30. 火力发电（包括热电）	除燃气发电工程外的	燃气发电	—	
31. 水力发电	总装机1000千瓦及以上；抽水蓄能电站；涉及环境敏感区的	其他	—	（一）中的全部；（二）中的重要水生生物的自然产卵场、索饵场、越冬场和洄游通道
32. 生物质发电	农林生物质直接燃烧或气化发电；生活垃圾、污泥焚烧发电	沼气发电、垃圾填埋气发电	—	
33. 综合利用发电	利用矸石、油页岩、石油焦等发电	单纯利用余热、余压、余气（含煤层气）发电	—	

续表

环评类别/项目类别	报告书	报告表	登记表	本栏目环境敏感区含义
E. 电力				
34. 其他能源发电	海上潮汐电站、波浪电站、温差电站等；涉及环境敏感区的总装机容量5万千瓦及以上的风力发电	利用地热、太阳能热发电；并网光伏发电；其他风力发电	分布式光伏发电	（一）中的全部；（三）中的全部
35. 送（输）变电工程	500千伏及以上；涉及环境敏感区的330千伏及以上	其他（不含100千伏以下）	—	（一）中的全部；（三）中的全部
36. 脱硫、脱硝、除尘等环保工程	—	全部	—	
F. 石油、天然气				
37. 石油开采	全部	—	—	
38. 天然气、页岩气开采（含净化）	全部	—	—	
39. 油库（不含加油站的油库）	总容量20万立方米及以上；地下洞库	其他	—	
40. 气库（不含加气站的气库）	地下气库	其他	—	
41. 石油、天然气、成品油管线（不含城市天然气管线）	200公里及以上；涉及环境敏感区的	其他	—	（一）中的全部；（二）中的基本农田保护区，地质公园，重要湿地，天然林；（三）中的全部

续表

环评类别/项目类别	报告书	报告表	登记表	本栏目环境敏感区含义
G. 黑色金属				
42. 采选（含单独尾矿库）	全部	—	—	
43. 炼铁、球团、烧结	全部	—	—	
44. 炼钢	全部	—	—	
45. 铁合金制造；锰、铬冶炼	全部	—	—	
46. 压延加工	年产50万吨及以上冷轧	其他	—	
H. 有色金属				
47. 采选（含单独尾矿库）	全部	—	—	
48. 冶炼（含再生有色金属冶炼）	全部	—	—	
49. 合金制造	全部	—	—	
50. 压延加工	—	全部	—	
I. 金属制品				
51. 表面处理及热处理加工	有电镀工艺的；使用有机涂层的；有钝化工艺的热镀锌	其他	—	

续表

环评类别/项目类别	报告书	报告表	登记表	本栏目环境敏感区含义
I. 金属制品				
52. 金属铸件	年产10万吨及以上	其他	—	
53. 金属制品加工制造	有电镀或喷漆工艺的	其他	—	
J. 非金属矿采选及制品制造				
54. 土砂石开采	年采10万立方米及以上；海砂开采工程；涉及环境敏感区的	其他	—	（一）中的全部；（二）中的基本草原、沙化土地封禁保护区、水土流失重点防治区、重要水生生物的自然产卵场、索饵场、越冬场和洄游通道
55. 化学矿采选	全部	—	—	
56. 采盐	井盐	湖盐、海盐	—	
57. 石棉及其他非金属矿采选	全部	—	—	
58. 水泥制造	全部	—	—	
59. 水泥粉磨站	年产100万吨及以上	其他	—	
60. 砼结构构件制造、商品混凝土加工	—	全部	—	
61. 石灰和石膏制造	—	全部	—	
62. 石材加工	—	全部	—	

续表

环评类别/项目类别	报告书	报告表	登记表	本栏目环境敏感区含义
J. 非金属矿采选及制品制造				
63. 人造石制造	—	全部	—	
64. 砖瓦制造	—	全部	—	
65. 玻璃及玻璃制品	日产玻璃500吨及以上	其他		
66. 玻璃纤维及玻璃纤维增强塑料制品	年产玻璃纤维3万吨及以上	其他		
67. 陶瓷制品	年产建筑陶瓷100万平方米及以上；年产卫生陶瓷150万件及以上；年产日用陶瓷250万件及以上	其他		
68. 耐火材料及其制品	石棉制品；年产岩棉5000吨及以上	其他		
69. 石墨及其他非金属矿物制品	石墨、碳素	其他		
70. 防水建筑材料制造、沥青搅拌站	—	全部		
K. 机械、电子				
71. 通用、专用设备制造及维修	有电镀或喷漆工艺的	其他		

续表

环评类别/项目类别	报告书	报告表	登记表	本栏目环境敏感区含义
K. 机械、电子				
72. 铁路运输设备制造及修理	机车、车辆、动车组制造；发动机生产；有电镀或喷漆工艺的零部件生产	其他	—	
73. 汽车、摩托车制造	整车制造；发动机生产；有电镀或喷漆工艺的零部件生产	其他	—	
74. 自行车制造	有电镀或喷漆工艺的	其他	—	
75. 船舶及相关装置制造	有电镀或喷漆工艺的；拆船、修船	其他	—	
76. 航空航天器制造	有电镀或喷漆工艺的	其他	—	
77. 交通器材及其他交通运输设备制造	有电镀或喷漆工艺的	其他	—	
78. 电气机械及器材制造	有电镀或喷漆工艺的；电池制造（干电池除外）	其他（仅组装的除外）	仅组装的	
79. 仪器仪表及文化、办公用机械制造	有电镀或喷漆工艺的	其他（仅组装的除外）	仅组装的	

续表

环评类别/项目类别	报告书	报告表	登记表	本栏目环境敏感区含义
K. 机械、电子				
80. 电子真空器件、集成电路、半导体分立器件制造，光电子器件及其他电子器件制造	显示器件	有分割、焊接、酸洗或有机溶剂清洗工艺的	其他	
81. 印刷电路板、电子元件及组件制造	印刷电路板	有分割、焊接、酸洗或有机溶剂清洗工艺的	其他	
82. 半导体材料、电子陶瓷、有机薄膜、荧光粉、贵金属粉等电子专用材料	全部	—	—	
83. 电子配件组装	—	有分割、焊接、酸洗或有机溶剂清洗工艺的	其他	
L. 石化、化工				
84. 原油加工、天然气加工、油母页岩提炼原油、煤制油、生物制油及其他石油制品	全部	—	—	

续表

环评类别/项目类别	报告书	报告表	登记表	本栏目环境敏感区含义
L. 石化、化工				
85. 基本化学原料制造；化学肥料制造；农药制造；涂料、染料、颜料、油墨及其类似产品制造；合成材料制造；专用化学产品制造；炸药、火工及焰火产品制造；饲料添加剂、食品添加剂及水处理剂等制造	除单纯混合和分装外的	单纯混合或分装的		
86. 日用化品制造	除单纯混合和分装外的	单纯混合或分装的		
87. 焦化、电石	全部	—	—	
88. 煤炭液化、气化	全部	—	—	
89. 化学品输送管线	全部	—	—	
M. 医药				
90. 化学药品制造；生物化制品制造	全部	—	—	
91. 单纯药品分装、复配	—	全部	—	
92. 中成药制造、中药饮片加工	有提炼工艺的	其他	—	

续表

环评类别/项目类别	报告书	报告表	登记表	本栏目环境敏感区含义
M. 医药				
93. 卫生材料及医药用品制造	—	全部	—	
N. 轻工				
94. 粮食及饲料加工	年加工 25 万吨及以上；有发酵工艺的	其他	—	
95. 植物油加工	年加工油料 30 万吨及以上的制油加工；年加工植物油 10 万吨及以上的精炼加工	其他（单纯分装及调和除外）	单纯分装或调和的	
96. 生物质纤维素乙醇生产	全部	—	—	
97. 制糖、糖制品加工	原糖生产	其他	—	
98. 屠宰	年屠宰 10 万头畜类（或 100 万只禽类）及以上	其他	—	
99. 肉禽类加工	—	年加工 2 万吨及以上	其他	
100. 蛋品加工	—	—	全部	

续表

环评类别/项目类别	报告书	报告表	登记表	本栏目环境敏感区含义
N. 轻工				
101. 水产品加工	年加工10万吨及以上	鱼油提取及制品制造;年加工10万(含)~20万吨;涉及环境敏感区的年加工2万吨以下	其他	(一)中的全部;(三)中的全部
102. 食盐加工	—	全部	—	
103. 乳制品加工	年加工20万吨及以上	其他	—	
104. 调味品、发酵制品制造	味精、柠檬酸、赖氨酸、淀粉、淀粉糖等制造	其他(单纯分装除外)	单纯分装的	
105. 酒精饮料及酒类制造	有发酵工艺的	其他	—	
106. 果菜汁类及其他软饮料制造	原汁生产	其他	—	
107. 其他食品制造	—	除手工制作和单纯分装外的	手工制作或单纯分装的	
108. 卷烟	年产30万箱及以上	其他	—	

续表

环评类别/项目类别	报告书	报告表	登记表	本栏目环境敏感区含义
N. 轻工				
109. 锯材、木片加工、家具制造	有电镀或喷漆工艺的	其他	—	
110. 人造板制造	年产20万立方米及以上	其他	—	
111. 竹、藤、棕、草制品制造	—	有化学处理或喷漆工艺的	其他	
112. 纸浆、溶解浆、纤维浆等制造（含废纸造纸）	全部	—	—	
113. 纸制品	—	有化学处理工艺的	其他	
114. 印刷；文教、体育、娱乐用品制造；磁材料制品	—	全部	—	
115. 轮胎制造、橡胶加工、再生橡胶制造、橡胶制品翻新	全部	—	—	
116. 塑料制品制造	人造革、发泡胶等涉及有毒原材料的；有电镀工艺的	其他	—	

附录 建设项目环境影响评价分类管理名录 241

续表

环评类别/项目类别	报告书	报告表	登记表	本栏目环境敏感区含义
N. 轻工				
117. 工艺品制造	有电镀工艺的	有喷漆工艺和机加工的	其他	
118. 皮革、毛皮、羽毛(绒)制品	制革、毛皮鞣制	其他	—	
O. 纺织化纤				
119. 化学纤维制造	除单纯纺丝外的	单纯纺丝	—	
120. 纺织品制造	有洗毛、染整、脱胶工段的;产生缫丝废水、精炼废水的	其他(编织物及其制品制造除外)	编织物及其制品制造	
121. 服装制造	有湿法印花、染色、水洗工艺的	年加工 100 万件以上的	其他	
122. 鞋业制造	—	使用有机溶剂的	其他	
P. 公路				
123. 公路	新建、扩建三级及以上等级公路;涉及环境敏感区的 1 公里及以上的独立隧道;涉及环境敏感区的主桥长度 1 公里及以上的独立桥梁(均不含公路维护)	其他(配套设施、公路维护除外)	配套设施、公路维护	(一)中的全部;(二)中的全部;(三)中的全部

续表

环评类别/项目类别	报告书	报告表	登记表	本栏目环境敏感区含义
Q. 铁路				
124. 新建铁路	全部	—	—	
125. 改建铁路	200公里及以上的电气化改造；增建100公里及以上的铁路；涉及环境敏感区的	其他	—	（一）中的全部；（二）中的（三）中的全部
126. 枢纽	大型枢纽	其他	—	
R. 民航机场				
127. 机场	新建、迁建；涉及环境敏感区的飞行区扩建	其他	—	（三）中的全部
128. 导航台站、供油工程、维修保障等配套工程	—	供油工程；涉及环境敏感区的	其他	（三）中以居住、医疗卫生、文化教育、科研、行政办公等为主要功能的区域
S. 水运				
129. 油气、液体化工码头	全部	—	—	
130. 干散货（含煤炭、矿石）、件杂货、多用途、通用码头	单个泊位1000吨级及以上的内河港口；单个泊位1万吨级及以上的沿海港口；涉及环境敏感区的	其他	—	（一）中的全部；（二）中的重要水生生物的自然产卵场、索饵场、越冬场和洄游通道，天然渔场

续表

环评类别/项目类别		报告书	报告表	登记表	本栏目环境敏感区含义
S. 水运					
131. 集装箱专用码头		单个泊位3000吨级及以上的内河港口；单个泊位3万吨级及以上的海港；涉及危险品、化学品的；涉及环境敏感区的	其他	—	（一）中的全部；（二）中的重要水生生物的自然产卵场、索饵场、越冬场和洄游通道，天然渔场
132. 滚装、客运、工作船、游艇码头		涉及环境敏感区的	其他	—	（一）中的全部；（二）中的重要水生生物的自然产卵场、索饵场、越冬场和洄游通道，天然渔场
133. 铁路轮渡码头		涉及环境敏感区的	其他	—	（一）中的全部；（二）中的重要水生生物的自然产卵场、索饵场、越冬场和洄游通道，天然渔场
134. 航道工程、水运辅助工程		航道工程；涉及环境敏感区的防波堤、船闸、通航建筑物	其他	—	（一）中的全部；（二）中的重要水生生物的自然产卵场、索饵场、越冬场和洄游通道，天然渔场
135. 航电枢纽工程		全部	—	—	
136. 中心渔港码头		涉及环境敏感区的	其他	—	（一）中的全部；（二）中的重要水生生物的自然产卵场、索饵场、越冬场和洄游通道，天然渔场
T. 城市交通设施					
137. 轨道交通		全部	—	—	

续表

环评类别/项目类别	报告书	报告表	登记表	本栏目环境敏感区含义
T. 城市交通设施				
138. 城市道路	新建、扩建快速路、主干路；涉及环境敏感区的新建、扩建次干路	其他快速路、主干路、次干路、支路	其他	（一）中的全部；（二）中的重要湿地、重要水生生物的自然产卵场、索饵场、越冬场和洄游通道；（三）中的全部
139. 城市桥梁、隧道	1公里及以上的独立隧道或独立桥梁、立交桥	其他人行天桥和人行地道（除外）	人行天桥或人行地道	
U. 城镇基础设施及房地产				
140. 煤气生产和供应工程	煤气生产	煤气供应	—	
141. 城市天然气供应工程	—	全部	—	
142. 热力生产和供应工程	燃煤、燃油锅炉总容量65吨/小时（不含）以上	其他	—	
143. 自来水生产和供应工程	—	全部	—	
144. 生活污水集中处理	日处理10万吨及以上	其他	—	
145. 工业废水集中处理	全部	—	—	

续表

环评类别/项目类别	报告书	报告表	登记表	本栏目环境敏感区含义
U. 城镇基础设施及房地产				
146. 海水淡化、其他水处理和利用	—	全部	—	
147. 管网建设	—	全部	—	
148. 生活垃圾转运站	—	全部	—	
149. 生活垃圾（含餐厨废弃物）集中处置	全部	—	—	
150. 粪便处置工程	—	日处理50吨及以上	其他	
151. 危险废物（含医疗废物）集中处置及综合利用	全部	—	—	
152. 一般工业固体废物（含污泥）集中处置	全部	—	—	
153. 污染场地治理修复工程	全部	—	—	
154. 仓储（不含油库、气库、煤炭储存）	有毒、有害及危险品的仓储、物流配送项目	其他	—	
155. 废旧资源（含生物质）加工、再生利用	废电子电器产品、废电池、废汽车、废电机、废五金、废塑料、废油、废船、废轮胎等加工、再生利用	其他	—	

续表

环评类别/项目类别	报告书	报告表	登记表	本栏目环境敏感区含义
U. 城镇基础设施及房地产				
156. 房地产开发、宾馆、酒店、办公用房等	—	建筑面积 5 万平方米及以上,涉及环境敏感区的	其他	(一)中的全部
V. 社会事业与服务业				
157. 学校、幼儿园、托儿所	—	建筑面积 5 万平方米及以上;有实验室的学校(不含 P3、P4 生物安全实验室)	其他	
158. 医院	新建、扩建	其他	—	
159. 专科防治院(所、站)	涉及环境敏感的	其他	—	(三)中的全部
160. 疾病预防控制中心	涉及环境敏感的	其他	—	(三)中的全部
161. 社区医疗卫生院(所、站)、血站、急救中心等其他卫生机构	—	全部	—	

续表

环评类别/项目类别	报告书	报告表	登记表	本栏目环境敏感区含义
V. 社会事业与服务业				
162. 疗养院、福利院、养老院	—	建筑面积5万平方米及以上	其他	
163. 专业实验室	P3、P4生物安全实验室；转基因实验室	其他	—	
164. 研发基地	含医药、化工类等专业中试内容的	其他	—	
165. 动物医院	—	全部	—	
166. 体育场、体育馆	高尔夫球场	占地面积2.2万平方米及以上	其他	
167. 高尔夫球场、滑雪场、狩猎场、赛车场、跑马场、射击场、水上运动中心	高尔夫球场	其他	—	
168. 展览馆、影剧院、音乐厅、文化馆、图书馆、档案馆、纪念馆、博物馆、美术馆	—	占地面积3万平方米及以上	其他	

续表

环评类别/项目类别	报告书	报告表	登记表	本栏目环境敏感区含义
V. 社会事业与服务业				
169. 公园(含动物园、植物园、主题公园)	占地40万平方米及以上	其他	—	
170. 旅游开发	缆车、索道建设；海上娱乐及运动、景观开发工程	其他	—	
171. 影视基地建设	涉及环境敏感区的	其他	—	(一)中的全部；(二)中的基本草原、森林公园、地质公园、重要湿地、天然林、珍稀濒危野生动植物天然集中分布区；(三)中的全部
172. 影视拍摄、大型实景演出	—	涉及环境敏感区的	其他	(一)中的全部；(二)中的基本草原、森林公园、地质公园、重要湿地、天然林、珍稀濒危野生动植物天然集中分布区；(三)中的全部
173. 胶片洗印厂	—	全部	—	
174. 批发、零售市场	—	营业面积5000平方米及以上	其他	
175. 餐饮场所	—	涉及环境敏感区的6个基准灶头及以上	其他	(三)中的全部

续表

环评类别/项目类别	报告书	报告表	登记表	本栏目环境敏感区含义
V. 社会事业与服务业				
176. 娱乐场所	—	营业面积1000平方米及以上	其他	
177. 洗浴场所	—	营业面积1000平方米及以上	其他	
178. 一般社区服务项目	—	—	全部	
179. 驾驶员训练基地	—	全部	—	
180. 公交枢纽、大型停车场	—	车位2000个及以上；涉及环境敏感区的	其他	（一）中的全部；（三）中的全部
181. 长途客运站	—	新建	其他	
182. 加油、加气站	—	全部	—	
183. 洗车场	—	营业面积1000平方米及以上；涉及环境敏感的	其他	（一）中的全部；（二）中的基本农田保护区

续表

环评类别/项目类别	报告书	报告表	登记表	本栏目环境敏感区含义
V. 社会事业与服务业				
184. 汽车、摩托车维修场所	—	营业面积5000平方米及以上;涉及环境敏感区的	其他	(一)中的全部;(二)中的基本农田保护区
185. 殡仪馆	涉及环境敏感区的	其他	—	(一)中的全部;(二)中的基本农田保护区;(三)中的全部
186. 陵园、公墓	—	涉及环境敏感区的	其他	(一)中的全部;(二)中的基本农田保护区;(三)中的全部
W. 核与辐射				
187. 广播电台、差转台	中波50千瓦及以上;短波100千瓦及以上;涉及环境敏感区的	其他	—	(三)中的全部
188. 电视塔台	100千瓦及以上	其他	—	
189. 卫星地球上行站	一站多台	一站单台	—	
190. 雷达	多台雷达探测系统	单台雷达探测系统	—	
191. 无线通信	—	全部	—	

附录　建设项目环境影响评价分类管理名录　251

续表

环评类别/项目类别	报告书	报告表	登记表	本栏目环境敏感区含义
V. 社会事业与服务业				
192. 核动力厂（核电厂、核热电厂、核供汽供热厂等）；反应堆（研究堆、实验堆、临界装置等）；铀矿开采、冶炼、核燃料生产、加工、贮存、后处理；放射性废物贮存、处理或处置；上述项目的退役	新建、扩建	改建（不增加源项；其他不含不带放射性的实验室及实验装置）	不带放射性的实验室或实验装置	
193. 铀矿地质勘探、退役治理	—	全部	—	
194. 伴生放射性矿物资源的采选	年采1万吨及以上；涉及环境敏感区的	其他	—	（一）中的全部；（二）中的基本草原、水土流失重点防治区、沙化土地封禁保护区；（三）中的全部
195. 伴生放射性矿物资源的冶炼加工	1000吨/年及以上；涉及环境敏感区的	其他	—	（一）中的全部；（二）中的全部；（三）中的全部
196. 伴生放射性矿物资源的废渣处理、贮存和处置	涉及环境敏感区的	其他	—	（一）中的全部；（二）中的全部；（三）中的全部
197. 伴生放射性矿物资源的废渣再利用	1000吨及以上；涉及环境敏感区的	其他	—	（一）中的全部；（二）中的全部；（三）中的全部

续表

环评类别/项目类别	报告书	报告表	登记表	本栏目环境敏感区含义
V. 社会事业与服务业				
198. 核技术利用建设项目（在已许可场所增加不超出已许可活动种类和不高于已许可范围等级的核素或射线装置除外）	生产放射性同位素的（制备PET用放射性药物的除外）；使用I类放射源的（医疗使用的除外）；销售（含建造）、使用I类射线装置的；甲级非密封放射性物质工作场所	制备PET用放射性药物的；销售I类、II类、III类放射源的；销售非密封放射性物质；医疗使用I类放射源的；使用II类、III类放射源的；生产、销售、使用II类射线装置的；乙、丙级非密封放射性物质工作场所；在野外进行放射性同位素示踪试验的	销售、使用IV类、V类放射源的；生产、销售、使用III类射线装置的	

附录 建设项目环境影响评价分类管理名录　253

续表

环评类别/项目类别	报告书	报告表	登记表	本栏目环境敏感区含义
V. 社会事业与服务业				
199. 核技术利用项目退役	生产放射性同位素的（制备PET用放射性药物的除外）；甲级非密封放射性物质工作场所	制备PET用放射性药物的；乙级非密封放射性物质工作场所；水井式γ辐照装置；除水井式γ辐照装置外其他使用Ⅰ类、Ⅱ类、Ⅲ类放射源场所存在污染的；使用Ⅰ类、Ⅱ类射线装置存在污染的	丙级非密封放射性物质工作场所；除水井式γ辐照装置外其他使用Ⅰ类、Ⅱ类、Ⅲ类放射源场所不存在污染的